非行少年のためにつながろう！

少年事件における連携を考える

岡田行雄 編著

現代人文社

はじめに

　障がいのある受刑者や高齢受刑者の社会復帰に向けて、刑事司法の分野で、刑事司法に直接関わる機関と、社会福祉を担ってきた機関などとの連携の必要性が説かれ、それが実践に移されるようになってかなりの日時が経ちました。
　他方で、少年の健全育成に向けて保護手続と保護処分を用意した少年法は、こうした刑事司法の動きよりも早く、14歳未満の少年による非行の場合における、家庭裁判所と児童相談所を中心とする児童福祉の担い手との間の連携だけでなく、家庭裁判所による調査、観察のため、警察官、保護観察官などに必要な援助をさせたり、家庭裁判所がその職務を行うにあたって、学校や病院などに協力を求めたりする形で、様々な連携を行えるような規定を用意していました。そして、それらの担い手との適切な連携なしには、家庭裁判所に送られてきた少年についての報告書と処遇意見を裁判官に提出する役割を担っている家庭裁判所調査官も、少年がどのようにして非行から立ち直ることができるのかという「具体的な絵」を裁判官に示すことはできないはずなのです。
　しかし、実際に、家庭裁判所調査官が、少年司法に関わる諸機関やその担い手とどのように連携しているのか、そして、そもそも、そうした連携がどのようになされるべきなのかということは、従来必ずしも十分に明らかにされてきたとは言えません。
　加えて、現実には、発達障がいに苦しむ少年のように、その少年が直面している困難を、家庭裁判所調査官が、警察、検察、少年鑑別所、保護観察所、少年院といった少年司法に直接関わる機関とつながるだけでは十分に理解できないという問題も認識されるようになってきました。このような場合、少年司法手続の様々な場面で医療機関や臨床心理士などと連携して適切な処遇を見出すことが必要になります。そして、非行少年の中には、学校で学び続けるニーズがあるために教育機関との適切な連携が模索されねばならない事案もあります。また、非行少年の立ち直りに向けて、その就労を支援する機関との連携も求められていますし、成人の犯罪者とは違ったニーズを持つ非行少年の成長発達に向けて、児童福祉や障がい者福祉などの社会福祉に携わる機関との連携の在り方も模索されねばなりません。このように、家庭裁判所と少年司法に直接関わる機関との連携だけで、非行少年の成長発達を実現することが難しい場合は少なくありません。

したがって、就労支援、教育、医療、社会福祉などの様々な分野の担い手と家庭裁判所が連携することはもちろん必要でしょうが、こうした機関との連携がいかにあるべきで、そうしたあるべき連携を作り上げていくには、どのような取り組みがなされねばならないのかを明らかにすることこそ喫緊の課題と言えます。

そこで、本書では、少年司法に直接関わる諸機関の働きだけでは、その成長発達を実現することが困難であると考えられる非行少年たちを念頭に置いて、少年司法における就労支援、教育、医療、社会福祉などの諸機関の担い手の連携の在り方、あるべき連携を実現するための諸課題、そしてそうした諸課題への取組みを明らかにしていきたいと思います。

ところで、少年非行の被害者への支援の必要性は声高に叫ばれ続けていますが、なかなかそれが充実していかない実情にあります。そのような中で、上で挙げたような非行少年たちの成長発達に向けた連携の在り方について検討しようとする本書に疑問を持たれる方も少なくないと思います。しかし、そうした非行少年が成長発達できないままでは、いつまでたっても、その少年が被害者への真の謝罪やその損害回復に努めることもできないままなのではないでしょうか。本書が、様々な困難を抱えた非行少年の成長発達に向けた連携の在り方をまず検討しようとする理由は、そうした少年であっても成長発達できるようにすることこそ、元非行少年による被害者への真の謝罪やその損害の回復が実現することにつながるという点にあります。

本書では、編者がこれまでの少年司法に関する様々な研究会などで知己を得た、多様な方々に、それこそ多様な困難を抱えた非行少年の成長発達に向けた、少年司法における様々な機関の担い手との連携事例をまず紹介していただくとともに、そうした事例を通して浮かび上がってきた課題を提起していただきます。その中で、編者も、福祉機関との連携に関する課題やドイツの少年司法における諸機関連携を通して浮かび上がる課題を提起した上で、最後に、そうした諸課題を克服するための少年司法におけるあるべき諸機関連携の形とその実現に向けたできるだけ具体的な取組みを明らかにしたいと思います。

ご多忙の中、編者によるインタビューにお答えいただいた野口義弘さんを始め、貴重なご論考を執筆していただいた、知名健太郎定信さん、松村尚美さん、廣田邦義さん、安西敦さん、鴨志田祐美さん、小坂昌司さん、鍵本薫さんに心から感謝申し上げます。

実は、本書は、編者が四国で勤務していた時代から高松に足しげく通い、当

時、高松家庭裁判所丸亀支部に腰を据えて家庭裁判所調査官を務めておられた廣田邦義さんから頂戴した着想を出発点にしています。その意味では、本書は、廣田さんと共に執筆し、いずれも現代人文社から発行された、『事例から学ぶ少年非行』(2006年)と『再非行少年を見捨てるな』(2011年)の続編と言うべきものです。また、その後、編者の勤務地が北九州から熊本へと変わっていく中で知り合った方々との出会いもなければ、本書は成り立ちませんでした。言い換えれば、本書は、上にお名前を挙げさせていただいた皆様との連携の賜物とも言えるものなのです。

なお、本書では、非行少年の本人推知報道を禁じる少年法61条の趣旨に照らして、必要に応じて事例の内容が改変されたり、少年の名前が仮名にされたりしております。しかし、本書で取り上げられた事例は、どれも完全に架空のものではありません。まさに本書において連携させていただいた皆さんが取り組まれた事実に基づくものであることをお断りさせていただきます。また、読みやすさを重視するために、注を最小限に止め、ですます調で統一している点もご理解下さいますようお願い申し上げます。

本書で紹介された事例とそれぞれの取組みをお読みになられた読者の皆様が、皆様の身近にいる非行少年のために様々な方々とつながって、非行少年の支援に取り組む第一歩を踏み出そうという気持ちを持っていただけたならば、編者としては、これに勝る喜びはありません。

最後になりますが、現代人文社の北井大輔さんには、本書の企画から出版に至るまで色々な点でご尽力を賜りました。心より感謝申し上げます。

＊本書は、学術研究助成基金助成金（基盤研究C）「効果的な再非行防止に向けた家庭裁判所と関係諸機関との連携に関する基盤的研究」（課題番号：26380094）の成果の一部です。

編者　岡田行雄

目次

はじめに　2

第1部　就労支援に向けた連携事例と連携の課題

インタビュー　野口義弘さんに聞く　10

インタビュアー：岡田行雄（熊本大学教授）

野口さんと非行少年との出会い／非行少年が教えてくれたこと／少年を失望させずに居場所を作る／少年たちと従業員の成長／元非行少年を信じる／就労支援制度／弁護士への注文／様々な機関への注文／連携のために大事なこと／将来に向けて

付添人による就労支援と事業者との連携の課題
――福岡県での実践から考える　24

知名健太郎定信（弁護士）

付添人による就労支援／就労支援事業者機構との連携による就労支援／更生支援のインフォメーションセンターとしての役割／今後の就労支援拡大のための課題／最後に

熊本職親の会の活動を通した
非行少年の就労事例と就労における課題　41

松村尚美（弁護士、熊本少年友の会職親の会事務局）

職親の会とは／職親の会発足の経緯／家庭裁判所との関係／職親側の課題／少年側の課題／就労事例／少年を更生させるもの／職親の会の今後の展開

第2部　教育機関との連携事例と連携の課題

少年と保護者参加のケース会による連携
——生き生きとした非行少年と「冷凍パック状態」の非行少年の事例を通して　56

廣田邦義（臨床心理士、元家庭裁判所調査官）

はじめに／事件発生／中学校／警察／児童相談所／家庭裁判所／校内ケース会／その後／最後に

付添人と教育機関との連携事例と課題　70

安西敦（弁護士）

付添人の環境調整における教育機関との連携／ケース1：中学校における触法事件について、学校と連携して学校への復帰を模索したケース／ケース2：小学校における触法事件において、中学校の入学先変更等を調整したケース／ケース3：高校において退学処分を防止し、学校への復帰を計ったケース／各ケースを経ての考察

第3部　医療・福祉機関との連携事例と連携の課題

被疑者弁護から少年審判後に至るまでの連携と協働　92

鴨志田祐美（弁護士）

事件の発生／Aくんの生い立ちと障がいについて／被疑者段階の弁護活動／家裁送致と付添人活動／審判後の「見守り」活動／まとめにかえて

「子どもの司法と精神保健・福祉を考える会（熊本）」について　114

古田哲朗（弁護士）

はじめに／勉強会の発足の経緯／運営方法／効果／課題／最後に

児童福祉との連携　122

小坂昌司（弁護士）

ケース：Aさんの事例——審判まで／少年司法と児童福祉／非行少年の暮らす場所／

ケース：Aさんの事例——審判以後／非行少年に対する福祉的措置の必要性／各機関の連携の必要性と連携における課題

少年司法における福祉機関との連携の在り方
——障がいのある少年の事例を中心に　133

岡田行雄（熊本大学教授）

福祉機関と刑事司法との連携に対するイメージ／福祉機関の担い手から提案されている少年司法における連携／弁護士から寄せられる疑問の声／福祉機関に潜むパターナリズム／少年事件における福祉機関との連携への危惧／弁護士付添人と福祉機関とのあるべき連携／家庭裁判所と福祉機関とのあるべき連携

第4部　ドイツにおける関係機関の連携

ドイツの少年司法における関係機関の連携
——「少年法の家」を中心とする諸機関連携に学ぶ　148

岡田行雄（熊本大学教授）

ドイツの少年司法とその特徴／犯罪を重ねるドイツの少年／「少年法の家」調査の狙い／各地の少年法の家／ドイツの少年法の家に関する評価／民間機関としてのコトブス少年法の家（Cottbuser Jugendrechtshaus）／ドイツ少年司法における諸機関連携から見える論点と問題点／ドイツから学ぶべきこと

第5部　少年司法における関係諸機関の連携に向けた理論的・実践的課題

処遇が難しい少年事件についての一考察
——関係機関との連携を軸として　172

鍵本薫（高松家庭裁判所丸亀支部主任家庭裁判所調査官）

はじめに／ケース：帰る場所のない少年／連携について日頃感じる課題

少年司法における諸機関連携にあたっての課題への取組み　185
　　　　　　　　　　　　　　　　　　　　岡田行雄（熊本大学教授）
　はじめに——論点の整理／何のための連携か?——少年法とその上位規範からの要請／どのような連携であるべきか？／連携において重要なこと／連携の核となるのは誰か／非行少年の成長発達に向けた連携のために／スムーズな情報交換に向けて／連携の改善に向けた検証

第1部

就労支援に向けた連携事例と連携の課題

インタビュー 野口義弘さんに聞く

インタビュアー 岡田行雄（熊本大学教授）

　野口義弘さんは北九州市で経営するガソリンスタンドに数多くの元非行少年を雇用し、その就労を支援してこられました。その経験を基に、非行少年の就労支援に向けた連携の在り方について、2016年10月7日に北九州市の野口石油にてお話をおうかがいしてきました。

野口義弘 さん

　1943年生まれ。北九州市内に3つのガソリンスタンドを持つ野口石油の代表取締役社長。協力雇用主として多くの元非行少年を雇用し、現在は、福岡県協力雇用主会会長、福岡県就労支援事業者機構理事などの要職を務めつつ、全国各地で、協力雇用主や、元非行少年などへの就労支援の重要性についての講演活動などにも取り組んでおられます。近年では、その功績が認められ、法務大臣表彰など多くの表彰も受けておられます。

野口さんと非行少年との出会い

非行少年の就労支援のきっかけ

岡田　野口さんが、非行少年の就労支援に取り組まれるようになったきっかけは何ですか？

野口　今から20年以上前に、保護司をしていた妻から、とてもいい子がいるんだけれども、非行歴があるというだけで、どこも履歴書すら見てくれないので、当時私が勤めていたガソリンスタンドで雇ってもらえないかと頼まれて、少年補導員の委嘱を受けていた手前、春子という少年と会うことになったのが

きっかけです。

　春子は当時16歳でしたが、真っ赤な髪とマニキュアに濃い化粧で、とても16歳には見えませんでした。でも、髪と爪をもとに戻すことを条件にして雇うことにしました。すると、一生懸命に仕事をするとても素直な子でした。ガソリンスタンドでの商品販売でトップになったこともあります。そのことで周りから褒められると、自信をつけて、もっと頑張るようになりました。

　春子の非行は窃盗、無免許運転、シンナー吸引などを繰り返していたというものですが、働く場所が出来たことで、大きく変わり、結婚して1児の母親となり、退職した今でも私の店に立ち寄ってくれたりもします。

岡田　それまでは、非行少年とは全く接点はなかったのですか？

野口　いえ。それ以前にも、少年警察補導員の委嘱を受けて、少年係の警察官と共に、シンナーを吸うような少年の夜間補導のボランティア活動も行っていましたので、非行少年との接点はありました。でもその頃は、警察官から、少年たちの近くに寄るとあぶないから、2人1組になって離れて声掛けして下さいと指導されていたこともあって、そうした少年たちをとても怖いと思っていました。

非行少年が教えてくれたこと

非行少年から学ぶ

岡田　春子さんとの出会いをきっかけに、野口さんの中に、どのような変化が起こったのですか？

野口　この春子と出会うまで、私は外見で子どもたちを判断していました。しかし、春子との出会いを通して、子どもたちと同じ目線で、子どもの顔をじっと見つめて真正面から向き合って、じっくり話を聴くと、子どもたちも、この人は自分の気持ちを理解してくれる、とか、この人は私が困ったときに助けてくれると感じて、初めて心を開くのだということを学びました。そして、生まれながらの悪い子は一人もいないということを知ったのです。非行少年は、親や周囲の人たちから適切な教えや支援・愛情を受けておらず、まともな居場所がないからこそ非行に走っているのです。また、非行少年の中には、被差別地域で生まれ育ったために、社会的に様々なハンディキャップを背負わされてきた者も少なくありません。

非行少年は変わる

野口 そもそも、きちんと教えられたことがないから、非行少年たちは決められた時間に起きて、仕事のための準備をするだとか、ルールを守るということの大切さもわかっていないのです。だから、雇った元非行少年が、夜型の生活を変えられずに出勤できないことは少なくありません。

しかし、それをきつく叱ったところで、今までできなかったことができるようにはなりません。そこで、携帯で電話しても出勤してこない少年を迎えに行くようになりました。そして、少年の良いところを見つけて、とにかく褒めて、少年にやる気を出してもらうように努めます。

また、少年たちの給料は新札を手渡しします。そして、初めての給料を渡すときには、「このお金は、あなたが働いて得た初めてのお金だから、大事に使おうね」という言葉も添えています。ちなみに、この給料で、被害者への損害賠償の支払いにあてている少年もたくさんいます。10月から、最低賃金が時給763円に上がりましたので、初めて働く少年も時給770円からスタートすることになっています。

もちろん、少年たちが仕事でミスをすることもたくさんありますが、そんな時は、少年たちの先輩にあたる従業員に、ミスで迷惑をおかけしたお客様にきちんとお詫びさせます。そうした先輩がきちんと謝罪する姿を見ることで、初めて、少年たちは謝り方を学びますし、自分たちがここで大切にされていると感じることができます。

このように、良いところをしっかりと褒めて、できなかったときは、きちんとそのやり方を見せて、もう一度取り組んでもらう。そうすることで、非行少年といえども劇的に変わるということも教えてもらいました。

少年を失望させずに居場所を作る

面接した少年を必ず雇う（解雇はない）

岡田 今では元非行少年と接するときに、何を心がけていらっしゃいますか？
野口 まず、面接した少年は絶対に断らないということです。というのも、せっかく働く気になって、私のところにつながって来て、これから更生しようという気持ちになっている元非行少年たちを失望させたくないからです。できるだけ少年たちを雇えるように、私の役員報酬は辞退していて、少年たちと同じ程度の給料しかもらっていません。それでも、雇える少年の数には限りがある

ので、必ずしも面接を希望している少年すべてと面接できているわけではなくて、その点は心苦しく思っています。

また、野口石油には、解雇と言う言葉がありません。店の金を盗んで逃げた少年も謝りに来たら再雇用します。非行を重ねて、4回も雇用している少年もいます。そういえば、今年20歳になりましたが（笑）。

少年の居場所を作る

野口 そして、雇ったときには、その少年の状況に合わせて出勤のシフトを組みます。しかも、遅刻した場合でも、出勤してきたら、「よう来たね～」と拍手で迎えるようにしています。少年を褒めて、ハグもします。勤務時間もいきなり長時間ではなくて、少年たちの多くは夜型なので、最初は午後から3時間で、慣れたら、少しずつ増やしていきます。だんだん早い時間に出勤できるようになってから、シフトを午前に持っていくようにします。つまり、少年が自分に自信を持てるように、こちらで工夫しているのです。

また、規範意識の低い少年たちに、私が最初から徹底していることは、整理、整頓、清潔、清掃、しつけ、作法、の「6S」ですが、職場に入ったばかりの少年には、そうした点も含めて、直近に入った非行歴のある先輩少年に指導してもらうようにしています。こうすることで、入ったばかりの少年たちも、自分の気持ちを一番よく理解してもらえると感じることができます。さらに、先輩少年も、指導を任せることで大きく成長します。このように、ガソリンスタンドという職場が、元非行少年たちが成長できる居場所になるように心がけています。

少年たちと従業員の成長

他の従業員も成長するクラブワーク

岡田 元非行少年だけ特別扱いだという不満は、他の従業員の方から出なかったのでしょうか？

野口 もちろん出ました。何で少年たちは遅刻しても叱られないのだというような不満でした。そこで、他の従業員にも、出勤時間になっても出て来れない少年たちを迎えに行ってもらったりして、少年たちへの関わりをもっと増やしました。すると、他のみんなも、少年たちが置かれているかわいそうな状況を目にして、少年たちがなぜ当たり前のことをなかなかできないのかということ

を理解してくれるようになりました。こうした理解ができるようになって、従業員たちも大きく成長します。

　そして、私が、職場で大事にしていることの一つが「クラブワーク」という考え方です。最近は、成果主義（ノルマ）がはびこっていて、例えば、ガソリンスタンドも、売り上げがどれだけ高いかの成果を競わせられています。しかし、うちの店では、成果主義を採っていません。誰がどれだけ商品を売ったかではなくて、一人ひとりがどれだけ頑張れたか一生懸命さを評価することにしています。こうすることで、まだ成長していない少年たちをサポートすることも評価されることになります。そして、実は、先輩である従業員が少年たちのサポートをしていくことで、その従業員はさらにレベルアップして成長していくのです。これは、現在ガソリンスタンドの経営を担っている、私の２人の息子たちにも当てはまっています。クラブワークのクラブは漢字で書くと、「倶楽部」、つまり共に楽しむ部ということを表わします。クラブワークを通して、お互いを認め合い、助け合い、尊重し合うようになることが大切だと考えています。成果主義の職場はギスギスしがちですが、クラブワークの職場は、仕事を楽しめる、そこで働く者全てにとっての楽しい居場所となるのです。

社会で役に立っている実感
岡田　ガソリンスタンドで元非行少年たちはどんな仕事に取り組んでいるのでしょうか？

野口　初めからガソリンスタンドの仕事をできる少年は一人もいません。例えば、お客様がいらしたときに大きな声であいさつをして、笑顔を見せるということですら、慣れるのに最低１カ月くらいはかかります。

　給油一つとっても、なかなかうまくできない少年もいます。軽油を入れねばならない車に、間違ってガソリンを11回も入れた少年もいます。それでも、少年たちが仕事に飽きてしまわないように、色んなことに取り組んでもらっています。例えば、銀行に行ってもらったりもします。そこで現金と一緒に小切手を機械に入れてしまうといった間違いをする少年もいます。

　もう一つ大切にしていることは、ここにいる間に少年たちに色々な資格をとってもらうということです。例えば、心臓が止まったなどにときに救命のために使うAEDという機械がありますが、これをガソリンスタンドには備えていて、その使用方法の研修も少年たちに受けてもらい、研修の受講証をもらうということは、何も資格がなかった少年たちにとっては大きなステップとなりま

す。私は、そうした受講証を取ったことであっても、これでもっと社会の役に立てるねと褒めます。小さなことかもしれませんが、少年たちに社会の一員であって、自分も社会の役に立っているという実感をもってもらいたいのです。

元非行少年を信じる

一度で立ち直るわけではない
岡田 元非行少年たちにお金を任せたりして、問題はなかったのでしょうか？
野口 確かに、お金を持ち逃げされたケースもあります。雇用した少年たちが、全て一度で立ち直るわけではありません。むしろ、一度はつまずくことが当たり前です。何度もつまずく少年もいます。

雇っていて、事件を起こしたとして逮捕された元非行少年がいました。その少年が働いていたスタンドを切り盛りしていた私の長男が、家庭裁判所で、家庭裁判所調査官に、この少年を少年院に送るのは簡単でしょうが、働きながら社会の中で更生させるべきと強く言ってくれました。そして、この少年を雇う旨の雇用証明書と嘆願書を出したこともあって、この少年の非行は３度目だったのですが、少年審判の結果、保護観察処分で終わったということもありました。ちなみにこの少年は、今年の９月から社員に登用されてから、母親と妹を社会保険の扶養家族に入れて、10月のタイヤキャンペーン販売で30人のスタッフ中で販売数がトップになりました（涙）。

少年たちを信じる
岡田 野口さんを始めとする従業員の皆さんが、少年にそこまでされるのはなぜなのですか？
野口 私は、中学校１年生の時、父親を結核で亡くしました。看病疲れでしょうか、中学校３年生の時に母親が高血圧で半身不随になり、収入が無く、お米も買えない貧しい生活でしたので、高校にも行けなかったのですが、そんなときでも、地域の人たちから暖かい支援を受けたおかげで、今の自分があると思っています。私が雇っている元非行少年たちを見ていると、その頃の私と重なる部分がいくつも見えてきます。そこで、私が受けてきたような支援をしてあげたいと思っているのです。

そして、私が雇ったからには、少年たちを全力で信じます。信じるからこそ、お金の扱いまで任せるのです。こうして信じてもらったという体験をした少年

たちは、つまずくことはあっても、最終的には立ち直っていくのです。

　また、信じた少年が仕事で失敗したときも、「大丈夫、大丈夫」と声をかけて、不安を取り除いてあげるようにしています。少年たちを信じるということはそういうことだと思います。

保険で賄う

岡田　少年たちの失敗で、お店の経営に悪影響が及ぶことはないのでしょうか？

野口　もちろんいろんな被害もあります。ですが、お店にいらっしゃるお客さんには、大事な人権がありますが、少年たちが非行少年であったことを隠したりはしません。隠すと、次々に隠し事をしなければならなくなり、かえって少年もつらい思いをさせたことがあります。隠したことで失敗した苦い経験がありましたから。

　そして、少年たちが仕事で失敗したときに、「大丈夫だよ」と声をかけられるように、その失敗を埋め合わせるための保険に加入しています。かなり高額な掛け金ですが、保険の給付もかなり受けています。でも、そのおかげもあって、少年たちの失敗やつまずきに、従業員のみんなもあまり動揺せずに、お客様への謝罪などのきちんとした対応が取れるのだと思っています。事件、事故が発生したときこそが、教育、勉強の場なのです。

次のステップ

岡田　今までに、何人くらい元非行少年を雇用してこられたのでしょうか？

野口　140人くらいでしょうか。その中には、こともあろうか、私のガソリンスタンドのガラスを乱暴な手口で叩き割って、20kgの金庫を盗んで、警察から指名手配されていた少年もいます。秋男という、その少年を面接するうちにわかったのですが、まずは、その事件についてけじめをつけさせることが大事だと思い、自首するように説得しました。結局、私も警察について行って、自首した秋男は、少年鑑別所に送られて、少年審判に臨むことになりました。私は、協力雇用主として秋男を必ず雇いますという趣旨の雇用証明書を家庭裁判所に提出したこともあって、秋男の審判に同席しました。審判の結果、秋男は保護観察処分となって、翌日からガソリンスタンドで一生懸命働いて、8カ月後には、手に職をつけて自立したいと塗装の仕事について、今では、自立して結婚し、子どもにも恵まれて幸せに暮らしています。

岡田 野口さんのお店で働き続ける少年ばかりではないということなのでしょうか？

野口 もちろん、私の店で働き続けて店の中でステップアップする少年もいます。でも、私は、私の店を出発点にして、少年が本当に働きたい道に進めるようにしてあげたいと思っています。他の働き場所に行くためには、例えば、自動車の運転免許などの資格があった方が有利です。ですから、少年たちが18歳になったら、自動車の運転免許を取れるように支援しています。こうした資格を取得できれば、少年たちはますます自分に自信を持つようになれます。

そして、ステップアップした少年は、野口石油より大きな、給料の高い会社へ転職します。手塩をかけた少年を送り出す時は涙が出ます。

就労支援制度

様々なルートの必要性

岡田 どのようにして少年たちは野口さんの就労支援の取組みを知るのでしょうか？

野口 少年たちのネットワークの中で、私が必ず雇ってくれるということが伝わって、私が既に雇っている少年から「ぜひ面接してあげてほしい」と頼まれ、面接をすることもあるのです。他には、保護司や保護観察所、さらには警察のサポートセンター[1]、北九州市の少年支援室などで紹介されて、私が就労支援をしているということを知ることが多いようです。

岡田 ハローワークを通して少年たちが野口さんのところに来る、というわけではないのですね。

野口 そもそも、例えば、少年院でハローワークでの職探しのやり方を教えて、社会に出てからハローワークに行って職探しをするんだよと言っただけで、実際にハローワークに出かけて行って、求人票を見て、必要な手続を行えるという少年だったら、非行に走らないと思います。非行少年たちの場合、働こうという気持ちを持っていても、どこへ行ったらいいのか、あるいは、どうしたらいいのかわからないというのが現実です。

岡田 そうすると、働こうという気持ちを持った元非行少年と野口さんのような方とをつなげる仕組みが、ハローワークだけでは足りないということですね。

野口 少年が、警察にお世話になった時であれば警察、それ以前だとサポー

センター、鑑別所に送られた時は弁護士、少年院に入ってからだと保護司や保護観察官が少年と私とをつないでくれます。非行少年の状況によって様々なつながるルートがあることが望ましいと思います。

就労支援事業者機構

野口 私のところも、もともと協力雇用主として登録して20年以上になります。この協力雇用主は、少年院や刑務所を出たけれど働き口がないという元非行少年・受刑者を雇用しようという有志の者をいうのですが、例えば、保護司さんが担当する少年から働きたいと言われても、保護司さんからすれば、誰がこの協力雇用主なのかわからないということも少なくありませんでした。また、協力雇用主になってもいいかなと思う有志の経営者がおられても、どうしたら協力雇用主となれるのかがよくわからないというのもかつての状況でした。

そこで、福岡にも2010年に福岡県就労支援事業者機構というNPOができて、少年院を出て就労意欲はあるけれども、どこに行ったらいいかわからないという少年と接している人と元非行少年を就労させても良いと考えている事業者とを橋渡ししてくれるようになりました。このNPOは全国に出来ました。

また協力雇用主も増えました。私が協力雇用主となった1995年頃は福岡県全体では22社、うち北九州市では5社が登録していたに過ぎませんでしたが、現在では、それぞれ700社と170社となっただけでなく、実際に元非行少年などを雇ってくれる事業者も増えています。

就労支援を支える仕組み

岡田 そのような急増には、何か特別な事情などがあったのでしょうか？

野口 刑務所を出た元受刑者の再犯率が、就労できた人とそうでない人との間では顕著に違うということから、国も元受刑者の就労支援に向けて、トライアル雇用[2]や身元保証制度[3]などの、元受刑者の就労にあたっての、雇用者側の不安を解消する制度を作ってきました。2015年度にスタートした協力雇用主に対する就労奨励金制度[4]もその一つです。

さらに、北九州市や福岡県が独自に作った制度もあります。福岡県は、刑務所を出た元受刑者などを3カ月以上雇った協力雇用主である企業については、一定の条件が満たされていれば入札の際に一定の点数を加えて、その企業が落札しやすくしていますし、非行歴などがある少年を雇用した協力雇用主が業務

上の損害を被った場合に、国による見舞金の期間が終わった1年後に、年間で最大100万円の見舞金を支払う制度を用意しています。北九州市も、福岡県と同様に、就労支援により非行等の問題を抱える少年を雇用し、業務上の損害を被った企業に最大100万円の見舞金を支払う制度を用意しています[5]。これらは、特に北九州市や福岡県で問題となっている暴力団からの離脱を促進するために設けられた制度であるという側面があります。

このような制度が整備されたこともあって、元非行少年を実際に雇っている協力雇用主も増えていると思います。

就労支援に向けた連携の重要性

岡田 野口さんだけで就労支援を行うことには、限界があると思います。野口さんが行っておられるような就労支援を拡げていくには、どのようなことが必要でしょうか？

野口 たとえ協力雇用主として登録したとしても、実際に元非行少年を雇うには至っていない場合の方が圧倒的に多いのが現状です。そこで、実際に元非行少年が雇われるような就労支援の仕組みを作っていくことが重要だと思います。さらに言えば、就労を通して、その少年が、生きていて良かった、そして、きちんと仕事をして、評価されることが嬉しいと感じられるようになることが大事です。また、非行少年を雇う側も、リスクはありながらも、やりがいや社会に貢献しているという実感を持てるようにしていかないと、元非行少年の就労支援の取組みはなかなか拡がらないのではないかと思います。それを拡げるためには、先ほど紹介したような、雇用する側の不安を小さくしていくための制度の整備や、様々な機関が垣根を越えて連携することが必要不可欠だと思います。私も、自らが協力雇用主として、少年たちに教えられたことや仕事上大きな成果が挙げられたことなどを色々な場所でお話しさせてもらっていますが、たった一人の協力雇用主だけでは、なかなか就労支援の取り組みが拡がっていかないと感じています。

弁護士への注文

当番付添人への疑問

岡田 元非行少年たちの就労支援に向けた連携で、弁護士付添人は大きな役割を果たしうると思うのですが、弁護士さん達の働きをどのように見ていらっし

やいますか？

野口 福岡県では、少年鑑別所に入れられた少年に、当番で弁護士がつくのが当たり前になっています[6]。確かに、少年のためを思って一生懸命頑張る弁護士さんもいらっしゃるのですが、他方で、登録しているから付き添っているという感じの弁護士さんもいて、そういう弁護士さんから、単に少年院に行かずにすめば良いというだけで、私のところにつながってくるのはどうなのかなという疑問も持っています。つまり、しかたなく当番付添人を務める弁護士さんには、少年への愛情が欠けているように見えてしまうのです。

弁護士付添人への注文

岡田 野口さんから、弁護士付添人にどのようなことを注文されたいですか？

野口 まず、付添人を務めるからには、少年にとことん付きあうという気持ちを持って、少年に愛情を注いでほしいと思います。そうであれば、私たちのように、少年の就労先の人間にお任せということにはならず、この少年がここで学ぶべきことを身に付けるためには私達とともにどのようなことをやっていく必要があるかといったことを相談し合えるはずです。実際に、少年が就労先でトラブルを起こすことはしょっちゅうあります。また、就労前の事件を引きずってきていますので、そうした時に、弁護士付添人の方からも適切な法的支援や少年への働きかけをしていただければ、より良く少年は立ち直れるし、私たちもいやな感じを持たずに済むのではないかと思います。

様々な機関への注文

垣根を取り払う

岡田 就労支援に向けた連携に関して、家庭裁判所やその他の少年司法に関わる様々な機関に対して、野口さんから何か注文されたいことはありますか？

野口 最近は、家庭裁判所調査官の方も私たちのような就労支援に取り組む事業者に対する理解が深まってきたように感じています。

しかし、例えば、保護観察官や少年院の法務教官の中には、就労支援のことに関心を持っていない方もいらっしゃるように聞いています。公的な機関で少年非行の問題に携わるところの場合、法律上の任務以外のことには関心を持たないという縦割り主義が相変わらず残っているように感じます。これでは、自分が担っている部分を少年が通り過ぎさえすれば、それで良いということにな

ってしまいます。家庭裁判所、少年鑑別所、少年院、保護観察所の職員に皆さんがそれぞれ大変な職場で頑張っておられることは承知していますが、自分の持ち場という「井戸」の中に入り込むことなく、やはり少年のこれからに関心を持って、壁を乗り越えて、関わろうという姿勢を持ってほしいと思います。

連携のために大事なこと

常日頃から話せること
岡田 非行少年の就労支援に向けて多くの人たちが連携するために大事なことは何だとお考えですか？
野口 常日頃から、連携相手と連絡を取り合える間柄になることだと思います。例えば、先ほど紹介した就労支援事業者機構の方とは毎日何かと連絡を取り合っています。ちょっとしたあいさつでもいいのです。このガソリンスタンドも、多くの地域の人たちによって支えられている部分がありますが、それも日々の小さなやりとりの積み重ねから成り立っているのです。

ヨコ型の連携を
野口 私たち協力雇用主はボランティアです。しかし、役所の下請けではありません。連携というからには、家庭裁判所を始め保護観察所などと手を取り合って、元非行少年の成長のために力を尽くしたいというのが本音です。家庭裁判所や保護観察所から言われたことだけをやればいいというのは、連携ではないと思います。ヨコ型の連携が大事ではないでしょうか。そのためには、家庭裁判所や保護観察所と私たちとの間での風通しを良くして、元非行少年たちのより良い立ち直りに向けて意見を言い合える関係になることが必要だと思います。

将来に向けて

就労支援の課題
岡田 最後になりますが、野口さんが取り組んでおられる就労支援には、どのような課題があるとお考えですか？
野口 うちはガソリンスタンドですが、協力雇用主の事業所の多くは、建設業などのハードな肉体労働が必要とされるところです。これでは、肉体労働が不

得手な元非行少年は就労する場がありません。体力がそれほどない元非行少年もたくさんいます。そうした少年たちも就労できる場を作っていくことが課題の一つです。

　もう一つは、知的障がいや発達障がいがある元非行少年もいますので、そうした障がいがある少年たちでも就労できる場を作っていくことも課題です。

岡田　長時間にわたって、色々な点について丁寧にお答えいただき、本当にありがとうございました。

【後記】
　インタビューを通して、野口さんの元非行少年への関わり方は、最近の非行や犯罪からの離脱に関する研究が示している、離脱した人たちの多くが経験したことと見事に重なっているという印象を受けました。

　また、野口さんが指摘されている弁護士付添人の問題には、昨今の弁護士の多くが、必要な収入を確保するためにあくせくせざるをえなくなっているという、状況の悪化が大きく関わっているように感じました。保護処分決定後にも、非行少年の立ち直りに弁護士が関わることを確保していくためには、弁護士のそうした活動を支えるためのお金も必要不可欠です。この点の検討が実践的な課題であることを強く認識させられました。

1　北九州の少年サポートセンターは、北九州市の子ども総合センター（児童相談所）と同じ施設の同一フロアにあり、少年補導職員を中心とした少数の警察官で構成され、北九州市教育委員会指導主事も派遣されていて、非行少年に関する相談、立ち直りのための継続的支援、講演にその活動が特化していると指摘されています。石川正興編著『子どもを犯罪から守るための多機関連携の現状と課題』（成文堂、2013年）126頁参照。
2　身元保証人を確保できない刑務所を出た者などを雇用した日から最長1年間、その者によって被った被害のうち、一定の条件を満たすものについて、損害毎の上限額の範囲内で最大200万円の見舞金が国から支払われる制度。
3　刑務所を出た者などを試行的に雇用した場合、最長3カ月間、月額4万円が国から支払われる制度。
4　協力雇用主が一定の要件を満たす形で保護観察対象者を実際に雇用しているなどの場合に、協力雇用主に年間最大72万円が支給される制度。
5　北九州市からの見舞金を、福岡県によるものと重複して受け取ることはできない仕組

みになっています。これらは国による見舞金の手当てが終わった後をフォローする制度なのです。

6　福岡県弁護士会が全国に先駆けて始めた、少年鑑別所送致の観護措置決定を受けた少年が付添人の選任を希望した全ての場合で弁護士付添人をつける、全件付添人制度による。この制度の成果や課題などについては、福岡県弁護士会子どもの権利委員会編『少年審判制度が変わる——全件付添人制度の実証的研究』（商事法務、2006年）参照。

付添人による就労支援と事業者との連携の課題
福岡県での実践から考える

知名健太郎定信（弁護士）

付添人による就労支援

就労支援のきっかけ

　弁護士付添人が就労支援を行う必要性が最も高いのは、就労先が決まれば、試験観察（もしくは保護観察）となりうるけれど、もし決まらなければ、少年院送致になる可能性が高いという場面でしょう。
　私が最初に付添人として就労支援に携わったのも、そのような事例でした。弁護士登録から1年を過ぎたばかりの2005（平成17）年のことでした。

身寄りのない少年

　M少年は当時まだ16歳でしたが、頼れる身内はなく、兄とともに建設現場を転々としていました。
　中学校に入ったころまでは、両親と兄、姉の5人家族で幸せな暮らしだったといいます。しかし、母親の病死をきっかけに父親は酒浸りとなり、家族に暴力を振るうようになりました。そんな家庭がいやで、姉は家を出て行き、やがて、父親もアパートに戻ってこなくなりました。家賃すら払えなくなった少年と兄は、寮のある建設会社に身を寄せました。
　兄は粗暴で、犯罪傾向が強い人物でした。M少年もいつも殴られていたそうです。兄が仕事先でトラブルを繰り返すため、少年は兄と一緒にその会社を辞めなければならなくり、建設会社を転々としていました。
　このときの送致事実も、兄が引き起こした重大犯罪の見張りをした（させられた）という幇助事件でした。
　調査官の意見は少年院送致でした。M少年は、まともに手紙を書くこともできない。地図を読むこともできない。身寄りもない。少年院に行けば、せめて

最低限の教育を受けることはできるでしょう、というのがその理由でした。
　しかし、手紙を書いたり、地図を読んだりする能力は学校や少年院ではなく、仕事で学べばいいことです。結局、ただ身寄りがないから少年院に行くしかない、と言われているようで、それではM少年があまりに不憫に思えました。
　確かに、少年院では、規則正しい生活を送ることができるようになり、きびきびとした態度や大きな声でのあいさつを身につけることはできます。しかし、他方で普段の会話や外部との接触は大幅に制限され、その結果、コミュニケーション能力の発達は阻害されます。また、逃げる場所のない、悪い誘いもない場所では真面目にやれる少年も、少年院から、一歩出てしまえば、自分を律することができず、再非行に至ることも少なくありません。そのようなこともあって、弁護士付添人としては、安易な少年院送致決定を出させないように、少年が成長できる良好な社会資源を見つける努力をする必要があるのです。そのとき、たまたま、私にとって最初の国選弁護事件で担当した別の被告人の雇用主が、寮も完備した建設会社を経営していたことを思い出しました。さっそく、連絡を入れると、A興業のT社長は、二つ返事で、受け入れを了承してくれ、すぐに鑑別所にも足を運んでくれました。
　鑑別所で私と一緒に一般面会をした際、T社長は立ちあがり、M少年の手を握っていいました。「いい手をしてる。これは働き者の手だ。若いのに頑張ったなぁ。ぜひうちで働きなさい。君なら頑張れるから」。M少年は、このときの握手にいたく感激した様子でした。
　もちろん、審判当日にもT社長は家庭裁判所に足を運んでくれました。
　審判に至っても、調査官の意見は少年院送致でしたが、裁判官は、朴訥とした少年の真面目さと、T社長の人柄を評価してくれ、無事、保護観察となりました。
　私自身、付添人活動によって、少年院送致という結果を防ぐことができたのではないか、と実感できた事件で、その後、少年事件に熱心に取り組むきっかけともなりました。
　その後、M少年はT社長の右腕と言われるまでになり、無事、成人するまでT社長のもとで働きました。

付添人による就労支援の限界
　M少年の事例では、結果的に就労支援が功を奏して、少年院送致を防ぐことができましたが、それはたまたま別の国選弁護事件でT社長という方と出会っ

ていたからにすぎません。そんな偶然をどこまで喜んでいいのか。本当に行き場と仕事を必要とし、本気で変わりたいと思っている少年がいるのであれば、どんな弁護士が付添人についたとしても、適切な仕事を紹介できるようにできないだろうか。そんな思いが、漠然と芽生えました。

しかし、個人の弁護士として、就労支援を実現するにはいくつものハードルがあります。

例えば、少年の特性にあわせた就労支援を実現するためには、様々な職種の雇用主がいてくれることが望ましいといえますが、一人ひとりの弁護士にそのような人脈を求めることは不可能です。

また、たまたま個人の弁護士が新たな雇用主を探してきても、家庭裁判所から見ると「実績がない」という理由で、なかなか安心してもらえず、試験観察や保護観察にしてもらうために労力を要することになります。

個人の弁護士としてではなく、何らかの形の枠組みを作らねばならない、ということだけは明らかでした。

弁護士会としての就労支援拡大の試み

そのような状況のなかで、2009（平成21）年ころ、なんとか就労支援の拡大を実現できないだろうかと福岡県弁護士会子どもの権利委員会はある取り組みを行いました。

このときの取り組みを簡単に説明すると、
　①これまでの少年事件等を通じて雇用をしてくれた雇用主、もしくは顧問先等でこれから少年を雇用してもよいと言ってくれる企業の情報提供を弁護士会会員に要請する（情報収集）。
　②集まった情報をもとに名簿を作成する（リストの作成）。
　③名簿の利用方法等について、ルールを作り、これを周知することで、就労支援を実現する（ルール化）。
というものでした。

しかし、結果から言えば、この取り組みはまったくの失敗に終わりました。

まず、最初の情報収集の段階で大きな壁にぶつかりました。少年事件を多くこなしている弁護士であっても、特定の事案で少年を雇ってくれた雇用主と連絡をとれるほどの関係を維持するのは難しいのでしょう。そもそも、ほとんど情報が集まらない、という残念な結果となりました。

また、今にして思えば、仮に情報が集まってリスト化が実現したとしても、

早い段階で制度は破綻していたはずです。少年事件における就労支援というのは、単に仕事をすることで給与がもらえるという関係を構築すれば足りるものではありません。少年のもつ問題性・特性に応じて、どのようなマッチングを行うかが肝となってくるのであり、そのような繊細さを必要とされる少年の就労支援において、限られた情報しか掲載されることがない名簿による運用では、充実した就労支援は難しいのではないかと思うのです。

　余談ですが、2010（平成22）年2月13日～14日にかけて、長野市で開催された第20回全国付添人経験交流集会に参加したところ[1]、他の弁護士会でも、ほぼ同様の試みが行われ、同じような場面で苦労をしたという報告に接しました。そのとき、私はこの方向性でやっていくのはやはり限界があるのではないか、という感想を持ちました。

　今になって考えると、就労支援の問題解決を弁護士だけの力でやろうとしたことが最大の問題点だったわけですが、この時点ではまだ、どのように就労支援の拡大を実現していくのか、方向性はまったく見えていませんでした。

就労支援事業者機構との連携による就労支援

連携のきっかけ

　2010（平成22）年末、これまで非行少年を70名程（当時）雇ったというガソリンスタンド経営者の講演を聞きました。北九州市にある野口石油代表の野口義弘さん[2]との出会いです。

　遅刻した少年には「遅刻したら、来にくかったろう。よう来たな」と褒め、それでも来ない子は家まで迎えに行く。「もう絶対に遅刻しません」と言った少年が翌日遅刻しても、「昨日より早くなった。頑張ったね」と笑顔で抱きしめるという野口さんの活動を聞いて、感動するとともに、ショックを受けました。

　ショックのひとつは、新幹線で15分しかかからないほど近い場所に、これほど少年に寄り添う活動を続けている人がいるのにそのことを私が知らなかったことです。もうひとつのショックは、その野口義弘さんでさえも福岡の弁護士が少年問題に熱心に取り組んでいることを知らなかったことでした。

　しかし、この出来事が、これまで弁護士だけでなんとか就労支援を実現しようとしてきたことへの反省にもつながり、転機となりました。まずはこのような雇用主の方々とつながらないと本当の意味での就労支援は実現できないので

はないか、という思いを強く持つようになったのです。

雇用主との連携

その後、多少強引ではありましたが、野口義弘さんと連絡をとることで、野口さんが会長を務める福岡県連合協力雇用主会[3]、野口さんが理事を務める福岡県就労支援事業者機構[4]と弁護士付添人が協力する体制を整えることができました。

福岡県就労支援事業者機構の常務理事をつとめている北﨑秀男さん[5]の役割も極めて重要でした。北﨑さんは、長崎保護観察所、熊本保護観察所の所長を歴任された方で、保護観察所と強いパイプを持っています。そのことがその後、保護観察所と協力した就労支援体制を整えるのに役立ったことはいうまでもありません。

野口さん、北﨑さんと会合を重ねた結果、まずは、就労支援について社会の理解を深めて、雇用主の数を増やす必要があるだろうという結論になり、イベントを開いたり[6]、新聞、テレビに取り上げてもらうよう積極的に働きかけを行いました。

その結果、2011（平成23）年3月末時点で、120社しかなかった協力雇用事業所（福岡県就労支援事業者機構に登録している雇用主）は、2016（平成28）年8月時点で、700社を超えるまでになりました。

就労支援事業者機構は、NPO法人として、保護観察所から、保護観察対象者の就労支援を任せられる立場にあります。その関係もあって、保護観察所に登録している協力雇用主の名簿と就労支援事業者機構の協力雇用事業所の名簿は、ほぼ一致しています。

かつて、協力雇用主の名簿は、あくまで保護観察所が管理するものであり、弁護士が協力雇用主へ就労をお願いするということは困難な時代がありました。

この数年で、保護観察所とも連携した就労支援体制が整備され、就労支援事業者機構を通じた就労支援を行うことで、事実上、弁護士付添人も、協力雇用主名簿を利用できるようになっていますが、実はこれは画期的なことなのです。

また、保護観察所の側から見れば、弁護士付添人からの紹介や、就労支援事業者機構の広報活動を通じて、新たな協力雇用主を得ることができているともいえます。

現在のところ、保護観察所、弁護士、就労支援事業者機構等の関係者全員にメリットがある関係が構築できているのではないか、と自負しています。

少年付添事件における就労支援

　少年事件について弁護士付添人が就労支援を必要とする場合、まず担当弁護士から福岡県就労支援事業者機構の理事でもあり、弁護士付添人向けの窓口となっている私宛に連絡をもらうことにしています。

　この段階で、非行事実や職歴、少年の特性・問題点などを聞き出したうえで、就労支援に必要な情報だけをまとめて、福岡県就労支援事業者機構につなげる形をとっています。

　このように私が窓口となっているのは、就労支援を求める弁護士の中には、残念ながら、少年から聞き取るべき情報の聞き取りをせず、少年への理解も不十分なまま、就労支援要請をする方がそれなりの数、いらっしゃるからです。

　また、雇用主への配慮に欠ける弁護士も少なくありません。最近では少なくなりましたが、なかには、「少年院送致にきっとなるんだけど、なにかひとつくらい良い情状があった方がいいと思って」という理由で、少年の就労意欲すら確認せず、連絡をしてくる弁護士もいました。雇用主のみなさんも、忙しい時間を割いて、鑑別所に出向いたり、少年審判に立ち会ったりしてくれるわけで、そのような雇用主の方々の立場への配慮が極めて重要です。

　雇用主の方々に迷惑をかけないためにも、弁護士が間に入って"防波堤"となる必要があるのです。

　もちろん、少年院送致が濃厚だというだけで、就労支援が無意味である、などというつもりは毛頭ありません。少年の就労意欲が強く、少年院を出た後も受け入れ先がないような場合には、少年院出院後を見越した就労支援も、少年の更生のために大いに役立つものだと考えます。そのような場合には、雇用主の方にも、そのような事情を十分に説明したうえで、協力をいただくようにしています。

　就労支援をうまくいかせるためには、少年の特性を理解するだけでなく、雇用主の特性を把握していることも重要です。それは単に所在地、職種、寮の有無、就労条件などの形式的な部分だけでなく、雇用主の仕事に対する姿勢や、問題をかかえた少年への理解度、少年に対し果たしてくれる役割など多岐にわたります。

　この点、普段から保護観察所や県からの依頼で多数の就労支援を行い、たび

たび雇用主と接している就労支援事業者機構の職員（スタッフ）の経験は、極めて重要です。弁護士だけで、雇用主の特性等をすべて把握したうえで、関係を維持していくことはほとんど不可能であり、この点でも、就労支援事業者機構と連携した就労支援体制は優れているといえます。

　このような経験を積み重ねた今になってみると、2009（平成21）年に福岡県弁護士会子どもの権利委員会で構想していた名簿制度は、仮に実現したとしても、長続きしなかったであろうことは容易に想像できます。

　人と人をつなぐときには、それにふさわしい配慮と、雇用主と少年、双方に対する理解を踏まえたマッチングが重要なのです。現在も、弁護士・行政を問わず、合理化、効率化を志向する方々からはたびたび「名簿化して自由に利用できるようにした方がいいのではないか」という提案をいただくことがありますが、これまでの経験を踏まえると私は名簿化に否定的にならざるを得ないのです。

就労支援事業者機構を通じた就労支援の拡大

　就労支援事業者機構と連携するようになり、私が担当した少年にも、機構の会員である協力雇用事業所を紹介してもらう事例が数多くありました。

　特にお世話になっているのが、建設会社のB社です。これまで、成人、少年を問わず、多くの人たちを受け入れてくれました。同社の営業部長であるH氏は、自らも刑務所生活を経験したあと更生した方だけあって、更生支援に熱心に取り組んでおられます。自らが代表を務める会社を持ちながらも、多くの寮、現場をもっているB社であれば、多数の刑務所出所者、少年、ホームレスらを受け入れることができるという思いで、現在の役職を務めてられる姿には頭が下がります。

　私が2011（平成23）年ころ、最初にB社に就労をお願いしたOくんは、様々な問題を抱えていました。試験観察中にもかかわらず、調査官からの連絡を無視したり、B社の現場でも元請業者とトラブルを起こしたり。最後には、行く先を告げずに姿を消してしまい、審判を受けることすらなく、成人してしまいました。

　私の付添人としての経験の中でも、もっともうまくいかなかった失敗事例のひとつで、雇用してくれたB社やHさんにも多くの迷惑をかけることになってしまいました。しかし、そんなことを気にせず、その後も他の少年らを雇ってくれたB社およびHさんには本当に感謝しています。

Oくんが姿を消してから数年経ったある日、Hさんから電話をもらいました。Hさんは興奮したような声で、私に伝えてくれました。
　「先生、Oのこと、覚えてますか。実は、さっき、会社に来ましてね。『今は結婚して、子どももできて、頑張ってます。あのとき失礼なことをしたので、いつかお詫びをしたいとずっと思っていました』って、いうんですよ。わざわざそれを言いに来てくれたのが、うれしくてねぇ。思わず、先生に電話しちゃいました。こういうことがあるから、就労支援はやめられないですよねぇ」
　こういうやり取りがあるからこそ、私たちも就労支援がやめられなくなるのです。
　就労支援を行った事例、すべてが順調に行くわけではありません。しかし、すぐに結論が出なかったから、すべてが無駄だったというわけでもないことをOくんの事例は示してくれています。
　そして、このような就労支援の実情を理解したうえで、多くの協力雇用事業所が元非行少年たちを受け入れてくれているというのは、頼もしい限りです。

付添人活動を通じた就労支援の拡大

　私が担当した少年事件で、事件前から少年を雇用してくれていた雇用主が、協力雇用事業所として就労支援事業者機構に登録したうえで、その後、多くの少年たちを受け入れてくれるようになった例も多数あります。
　2011（平成 23）年末に担当した事件で知り合ったのは、事件の 3 カ月前から、少年を雇用してくれていた Y 社長でした。保護観察となったあとも、引き続き少年を雇用してくれただけでなく、協力雇用事業所として登録してくれ、その後も多くの少年を受け入れてくれています。Y 社長は、特になかなか就労が難しい 15 〜 16 歳の年少少年を躊躇なく受け入れてくれており、就労後の定着率も抜群です。
　元暴走族のリーダーだったという 30 代後半の Y 社長は、非行少年のこころを掴む能力に長けています。確かに、Y 社長と話をしていると、少年たちが Y 社長を好きになるのも、当然だという気がします。
　ある少年事件で、私が Y 社長に電話をしたときのこと。
　「社長、すいません、また雇ってほしい子がいるんですが……」
　「いいっすよ」
　「それがまた 16 歳で、使いにくいと思うんですが……」
　「いいっすよ」

「しかも、地元を引き離した方がいいんで、寮とか空いていると……」
「いいっすよ」
あまりにも躊躇なく、少年を引き受けてくれるY社長に対し、疑問に思っていたことを端的に聞いてみました。「なんでいつもそんなに簡単にイエスというのですか」と。
「いや、そう言っとけばなんとかなるんですよ。仕事がなければとってくればいい。寮がなければ借りればいい。それだけでしょ」
こういうところが少年たちのこころを掴むんだろう、と素直に思います。
このほかにも、例えば、私が担当した少年事件で、もともと少年を雇用してくれていた福岡市内に数店舗を持つラーメン店も、協力雇用事業所になってくれました。
建設業などへの就労が難しい女子少年の就労先として、飲食店があることは重要です。実際、このお店にも、保護観察対象の女子少年を雇ってもらうなどしており、今後、付添人からの就労支援要請があったときにも、きっと力を貸してくれることでしょう。
このほか、現在、「セカンドチャンス！福岡」[7]の代表をつとめる城戸雄光さんは、豊富な人脈を生かして、非行少年を雇ってみたいという雇用主を多数紹介してくれています。民間団体との垣根のない交流が、協力雇用事業所の拡大に貢献しているわけです。
仮に、弁護士だけで就労支援をやっていたら、事件を通じて知り合った雇用主の方々がいたとしても、いずれは疎遠となってしまうでしょう。それが就労支援事業者機構の協力雇用事業所として登録してもらい、保護観察所の対象者や、県の就労体験事業で少年を受け入れることで、関係を継続することができ、幅の広い雇用を実現することができるようになっているのです。
人脈が使い続けることで摩耗するものではなく、使い続けることでより強く太い人脈となるように、就労支援も繰り返し雇用をお願いすることで、その関係性はより太く強固なものになっていくのだと考えています。
雇用主の取り合いや、囲い込みをすることはマイナスでしかありません。みんなで大きなグループをつくり、いろいろな就労支援の場面で役割を果たしてもらうことが、就労支援の活性化につながるものと信じています。

支援対象地域の拡大

現在、福岡県就労支援事業者機構とともに就労支援に取り組んでおり、雇用

主の所在地は当然のことながら、一部の例外を除いて、福岡県内です。しかし、就労支援の対象者については、必ずしも福岡県内には限られないようになってきているというのが、新しい動きです。

2015（平成27）年には大分県の弁護士から就労支援の要請がありました。地元から引き離す必要性の高い少年だったのです。この際もY社長にお願いすることにしました。Y社長は、短期間のうちに、大分の鑑別所や家庭裁判所に何度も出向いてくれました。そのおかげもあって、無事保護観察となった少年は、現在もY社長のもとで、元気に働いています。

仕事の合間を縫って少年に会うために他県まで訪問する、その姿勢がまた少年を引き付け、こころを動かし、更生のための力を与えるのだろうと思います。

更生支援のインフォメーションセンターとしての役割

ちょうど同じ時期、大分県の別の弁護士からも相談がありました。要保護性は高くないが、家庭環境に大きな問題がある少年らの居場所を確保したいが、どうすればいいだろうか、ということでした。

このような場合、寮のある職場を紹介するなどの方法もありえましたが、少年らの年齢、経歴からすると、まだ就労の時期ではなく、居場所を確保し、成長を促すことが必要な状況でした。

そこで、かねてから交流のあった田川ふれ愛義塾[8]の工藤良さんに連絡を入れ、少年らを引き受けてもらうことにしました。工藤さんも二つ返事で答えてくれたおかげで、無事、少年らは居場所を確保することができるようになりました。

このように就労支援を活発に行うなかで、就労を伴わない更生支援依頼の相談も来るようになっています。普段から民間団体とも交流を重ねるなかで、そこにつなぐことができるようにもなっており、更生支援に関するある種のインフォメーションセンター的役割も果たすようになっているのです。

今後の就労支援拡大のための課題

質の向上へ向けた取り組みの必要性

2011（平成23）年には120社しかなかった協力雇用事業所の数は、2016（平成28）年8月現在で700社を超えるまでになっています。

また、福岡では、建築関係以外でも飲食店や介護施設など、幅の広い業種が協力雇用事業所に名前を連ねており、数だけでなく職種の面でもその充実は明らかで、当初の目的はある程度達成できたと評価してよいと思われます
　数の問題がある程度解決した現在、次の課題は、雇用主の方々に非行の問題への理解をより深めてもらい、質の向上を図るということです。
　少年を就労させるなかで発生するトラブルへの対処方法、少年の持つ心理的な問題への理解、コミュニケーション技術、労働法に関する基礎知識など、よりよく更生を実現するために雇用主の方々に伝えたいことは、山ほどあります。
　この点、福岡県就労支援事業者機構では、保護観察所からの案件のほか、福岡県から委託された「就労体験事業」[9]など複数の入り口を持っており、これらの活動を通じて、雇用主が実際に就労支援を行う機会が多く確保されています。
　また、これらの事業に関する研修という形で、雇用主の方々がスキルアップする機会も作ることができています。
　今後も、付添人からの案件以外でも、実際に就労支援を行う機会を増やしていくことで、雇用主の方々か経験を積み、スキルアップできる体制を整えていくことが肝要だと思っています。

付添人活動の活性化の必要性

　就労支援を円滑に行うためには、弁護士付添人にも、就労支援への理解を深めてもらう必要があります。
　私が弁護士付添人からの就労要請の窓口となって思うのは、少年について理解しないまま、就労支援の要請を行っている付添人が少なくないという現実です。
　就労支援をうまくいかせるためには、付添人として、以下の点に注意を払う必要があると考えています。
①少年の属性
　少年の年齢、学歴はもちろんのこと、職歴、能力、興味の対象、性格などを知ることは非常に重要です。
　職歴について聞くと、「いろいろな職種を経験しているので、どんな仕事でも大丈夫です」と答える付添人がいますが、わずかな年数で多くの仕事を経験しているということは、短期間で仕事を辞めている、ということの裏返しでも

あります。そんなとき、仕事を辞めたのはどのような事情だったかを聞き出すことは、少年のもっている癖や気質を知るうえで有用です。

少年に職種の希望を聞くと、例えば「解体ならやったことがあるから、解体がいいです」などという答えが返ってくることがあります。少年たちもまったく新しい仕事に取り組むというのは不安があるので、少しでも経験のある仕事を"希望"として口にすることがあるようですが、たまたま短期間、働いたことがあるというだけで本当にその少年に向いた仕事かどうかはわかりません。付添人としても、少年の表面的な言葉を鵜呑みにすることなく、視野を広げてあげて、将来につながる仕事を選択してもらうことも重要だと思います。

また、同じく道路交通法違反の少年でも、バイクで暴走することより、バイクを改造したりすることにより興味があるとすれば、それも重要な特性です。自動車、バイクの修理工場や、電気工事などの職種ではそのような細かい作業に集中して時間を忘れてしまうような少年は、重宝されるのです。

②家庭環境

家庭環境についてもある程度、情報を得ておく必要があります。

寮で少年を引き受ける雇用主の多くが、「帰るところがない子は、なんとか頑張ろうとするので、長続きする」と口をそろえます。一見、恵まれない環境であることが更生に役立つこともあるのです。

逆に、少年が仕事についたあとも過干渉を続ける親も多く、雇用主の方とトラブルになる事例が増えています。この点、あらかじめわかっていれば、雇用主も対処がしやすいので、情報としてはとても重要ですし、少年を理解するためにも、この点は押さえておくべき事柄です。

さらに、未成年者の場合、親や親族が住居を借りるときに協力してくれるだけで、就労先の範囲は大きく広がることになります。寮を備えた職場は全体から見るとやはり少数ですので、アパート等を借りられるだけで、選択肢が何倍にもなるのです。

③就労先の条件

就労に際しても、地元から引き離す必要性が高い、家庭が受け入れる体制にないということであれば、あえて離れた地域の雇用主を紹介することになります。逆に、実家からでも仕事さえあれば立ち直れる少年もいます。

これまで、仕事はしてきたけれども、自分にあった仕事がみつからなかったという少年には職種が重要になります。

就労先を決定するにあたって、なにに優先順位を置くかは明確にしておく必

要があるでしょう。

④補充性

　他方で、なにがなんでも仕事を紹介するということが正しいというわけではありません。少年が「俺、勉強キライだから、中学卒業したら仕事する」と話したとしても、それが本心とは限りません。少年は、あるときはなにも考えず無自覚的に、あるときは自虐的に、そのような言葉を発しているだけかもしれません。

　現に、私が担当していた中学校の番長（と名乗る少年）は、「中学出たら仕事をする」といいながらも、進学に未練があるようでした。そこで、勉強に関する本を差入れ、アドバイスをしたところ、その後、猛烈に勉強し、現在は高校に真面目に通っています。将来の夢は、学校の先生になることだそうです。

　いつの場合でも、少年の真意を引き出す、というのが付添人に必要とされるスキルではないかと思います。

⑤反省

　それまでの生活を変化させ、少年を就労へ向き合わせるためには、前提として、事件やそれに至るまでの生活、環境などへの反省を深めさせ、これまでの生活を変えていきたいという意欲を高めることも重要です。

　それまで仕事に従事した経験のない少年にとって、仕事というものは決して楽なものではなく、楽しいことばかりでもありません。

　だからこそ、自分を変えていく決意というのは、大事なことなのです。

⑥積極性を引き出すこと

　就労支援がうまくいくためには、親や付添人が無理矢理仕事をさせるというのではなく、少年が積極的に仕事をしたい、というシチュエーションを作ることが必要です。

　付添人としても早く職場を決めなければと焦ることなく、少年が自発的に仕事をしたいと思うように、上手に導いてあげる必要があります。

　少年としても、自らここで働きたいという決断をした場合には、自己責任として、仕事を頑張ることができるようです。

　最後は自分で決断させる、というのはとても大事なことなのです。

　以上のような注意点は、就労支援に携わる者が常に意識していなければならない点だと思います。今後、研修等を通じて、弁護士付添人にも、就労支援についての理解を深めてもらいたいと思っています。

就労支援ネットワークの確立

このように就労支援の体制は徐々に整いつつありますが、当然のことながら、まだまだ不十分なところもあります。

今後の課題としては、以下のような点があげられます。

①補導委託先の開拓

家庭裁判所が行う補導委託も就労支援のひとつですが、近年は雇用主の高齢化にともなって補導委託先が減少しているといいます。

この点、就労支援事業者機構に登録している協力雇用事業所の数は、福岡はもちろん全国でも、右肩上がりの状態ですので、家庭裁判所が積極的に補導委託先を増やしていきたいと思うのであれば、協力雇用事業所のなかから新たな補導委託先を見つけることはそれほど難しくないのではないか、と思います。

②少年友の会との交流

家庭裁判所に、協力雇用事業所を知ってもらうことは、補導委託先という観点を抜きにしても重要なことです。保護観察、在宅試験観察となる事例であっても、家庭裁判所が雇用主のことを知っていれば、安心して社会内処遇を選択できるからです。

そこで、例えば、在宅試験観察で就労する事案において、雇用主と同じ地域の少年友の会[10]会員を付添人として、フォローを行っていくなどの取組みができないか、と考えています。

就労をはじめたばかりの段階では、少年は思い悩むこともあるだろうし、ときには雇用主と衝突したりすることもあるでしょう。そのようなときに、弁護士付添人以外にも気軽に相談できる大人がいることは、少年にとって頼もしいことです。

また、そのような形で、少年友の会会員が雇用主とも接することで、調査官の異動によって、家庭裁判所が雇用主に関する情報を把握していない、といった状況を幾分か解消できるのではないか、と思います。

この点は、今後の課題として、積極的に取り組んでいきたいと思います。

③少年院出院者の就労支援

また、少年院出院者を受け入れる枠組みの構築も重要だと考えています。

理想を言えば、在院中に面接を行い、出院したときには、どこで働くか決まっているというが望ましいでしょう。そのほうが、出院の日に向けて前向きに日々を過ごすことができるはずですし、資格取得を目指すとしても、その意味付けは大きく異なるはずです。

このような形での就労支援を実現するのも、これからの課題の一つです。

保護司と雇用主の交流

さらに、地域の協力雇用事業所と保護司が連携することも必要ではないか、と考えています。

保護司と雇用主がそれぞれの人柄を理解することで、円滑な更生支援が実現可能となると思うからです。このような更生支援の動きが、地域の人間関係を密にし、結果、地域を活性化することにつながれば、より理想的といえます。

なお、2011（平成23）年ころから、福岡市東区では、「協力雇用主と保護司との連絡協議会」として、このような取り組みを先行して行っており、好評を得ています。今後は、このような流れを県内全域に広げていきたいと考えています。

最後に

これまでの就労支援は、例えば、保護観察所は協力雇用主、家庭裁判所は補導委託先という形で、個別に行われていました。

しかし、実際に非行少年らを雇用しようという意気込みをもった雇用主の方々にとっては、どこの役所がかかわっている時期なのか、少年が保護観察中なのかどうかなどといった細かいことは、たいして重要ではありません。雇用を通じて、成長できる若者を手助けしたいという純粋な気持ちで、雇用主として、名乗りを上げてくれているだけなのです。

また、少年にとっても、非行から就労を通じて更生していく流れは、ひとつの連続した成長のプロセスなのであり、裁判所、鑑別所、保護観察所、少年院など、どの機関が少年とかかわっている段階であろうとも、仕事を通じて成長したい、という純粋な気持ちは一緒なのです。

そうであるならば、つまらない垣根など取っ払ってしまい、地域ごとに連携を深めていき、各団体・各機関とも交流を深めて、少年と雇用主を理解したうえで、お互いの顔の見える就労支援体制を作っていくことが望ましいことはいうまでもありません。

幸いなことに就労支援事業者機構は、NPO法人という形をとっていますので、保護観察所と連携をはかりつつも、それに縛られることなく、様々な機関、団体ともつながりを持つことができます。

このような自由さを最大限生かすことで、なによりも、少年の更生を第一に考えた就労支援が実現できるのではないか、と考えています。

1　「第4分科会：補導委託先の研究——情報共有化と充実・拡充を目指して」日本弁護士連合会『第20回全国付添人経験交流集会報告書集』（日本弁護士連合会子どもの権利委員会、2010年）169頁以下参照。
2　有限会社野口石油代表。1995（平成7）年に有限会社野口石油を設立と同時に保護観察所に協力雇用主として登録。2011（平成23）年時点で70名の非行少年を雇った実績があります。2016（平成28）年8月現在までに雇用した少年は140名にのぼります。福岡県協力雇用主会会長、福岡県就労支援事業者機構理事。日本更生保護協会・瀬戸山賞、第49回吉川英治文化賞、法務大臣表彰協力雇用主等多数受賞。
3　2010（平成22）年10月1日に「福岡県連合協力雇用主会」とし発足。福岡県下の雇用主が集う任意団体。もともと協力雇用主は地区ごとに雇用主会を作っていましたが、県全体で一つの組織を作ったのは福岡がはじめて。現在、名称は「福岡県協力雇用主会」に変更になっています。
4　2010（平成22）年4月1日に設立された特定非営利活動法人。2009（平成21）年3月に全国就労支援事業者機構が設立されたのを皮切りに各都道府県ごとに就労支援事業者機構が設立されました。福岡県就労支援事業者機構では、保護観察所からの対象者への就労支援のほか、保護観察の有無にかかわらず弁護士付添人からの少年への就労支援要請にも応えるなど活動の幅を広げて行っています。
5　2000（平成12）年、長崎保護観察所所長、2002（平成14）年、熊本県保護観察所所長。2010（平成22）年、福岡県就労支援事業者機構の常務理事兼事務局長となり、同機構の実務を取り仕切っています。
6　2011（平成23）年5月8日に福岡県弁護士会とも協力して、「非行少年更生支援ネットワーク」と題するイベントを行いました。その後も、就労支援、更生支援をテーマにしたイベントを年1～2回行っており、イベントを開催するごとに、協力雇用事業所の登録数は増加していっています。
7　少年院経験者が少年院を出院したばかりの若者と交流を持ち、更生を支援していく自助グループ。東京、大阪、名古屋、福岡、広島、長野、京都、静岡、佐賀で活動を行っています。なかでも福岡は、月1回の交流会を軸としながら、各地での講演会など、活発な活動を行っています。
8　元暴走族総長であった工藤良氏が平成17年に設立した更生保護施設。全国から多くの少年を受け入れて、自立へ向けた指導を行っています。2005（平成27）年には全国

　　　　初の女子施設も設けました。2006（平成28）年8月現在の定員は、男子18名、女子5名です。
9　　正式名称は、「福岡県立ち直り就労支援事業」。福岡県の委託によって、2012（平成24）年4月から開始されました。中学生を除く15歳から19歳までの非行等の問題を抱える無職の少年を対象に、協力雇用事業所のもとで5日間の就労体験を実施するプログラム。必ずしも保護観察対象者や非行少年に限らず、ひきこもりの子どもでも利用することができる点が特徴です。体験終了後、そのまま、継続して雇用となる事例も多くあります。
10　　家庭裁判所と協力して、非行少年の更生を支援するボランティア団体。家事調停委員などが中心となって、各都道府県で活動を行っています。

熊本職親の会の活動を通した非行少年の就労事例と就労における課題

松村尚美(弁護士、熊本少年友の会職親の会事務局)

職親の会とは

　熊本で「職親」というときには、未成年で罪を犯した少年・少女達、あるいは、今後罪を犯す可能性が高いと家庭裁判所が考えて保護した少年・少女達に対し、仕事を提供してくださる事業主や会社のことを指します。仕事があることで社会内更生が可能な少年ならば、仕事を提供して少年院等施設への送致処分になることを防ごうというのが、職親の直接的な存在意義となります。

　職親は「親」ですので、職場として少年に仕事と給料を与えるというだけにとどまらず、少年の日常生活の指導から担うことになります。社長自ら自宅に少年を住み込ませる方もいます。少年が警察に保護されれば、夜中であっても警察まで少年を引き取りに行きますし、別の仕事がしたいといえば別の会社を見つけてきて紹介します。職場から逃げ出した少年がもう一度やり直したいと言えば、そのまま少年を会社で引き受けます。少年は、まだ精神的に幼く、当然に一人前の仕事はできません。そのうえ遊びたい盛りなので面倒なことを頻繁に起こします。職親が誠心誠意少年のために尽くしても、少年はそれを裏切り、再び罪を犯してしまうということも日常茶飯事です。むしろ、職親の元、一度で更生できる少年は稀です。これらのことを全てわかったうえで、少年を丸ごと引き受けるのが「職親」ということです。「10人中1人でも更生してくれると嬉しくてたまらない」「何度も機会を与えてやれば、そのうち更生できる」「更生しようと頑張っている姿をみると、何でもしてやりたくなる」。これらは職親がよく発する言葉です。

　職親の会が熊本少年友の会の一組織として正式に発足して2017年8月で丸5年になります。発足当時は10数社だった職親ですが、現在その数は30社近くにまでなりました。今後も増加が見込まれています。業種としては土建業

が中心だったのですが、スーパーや福祉施設、飲食業等、少しずつ多様化してきました。抽象的な表現になりますが、当初は昔気質の頑固で面倒見のいい親父型の職親が多かったのですが、最近は、少年と同じ目線で語りあえる兄貴型の若い職親や、少年に穏やかに寄り添う母親型の職親が増えてきました。

職親の会発足の経緯

1990（平成2）年、現在熊本少年友の会の会長である青山定聖弁護士等が中心となり、熊本で法律扶助を利用した少年付添人制度を始めました。これは弁護士会がその事業費を法律扶助協会へ拠出する仕組みで、これにより親や少年に負担のかからないやり方で、弁護士の付添人を付けることが可能になりました。これにより、弁護士付添人の就任件数は飛躍的に増加しました。

青山弁護士は、少年付添人を数多くこなす中で、非行に走ってしまった少年の社会内更生のためには社会における引受先が重要だと感じ、あらかじめ就労先の候補者を準備しておく必要性を感じるようになりました。青山弁護士は、個人的には職親の名簿を作成していましたが、これを全弁護士が利用できる制度にする必要があることを、機会あるごとに家裁に訴え続けました。

2004（平成16）年、熊本少年友の会と家庭裁判所との懇談会の席上、当時熊本家裁に在籍していた1人の家庭裁判所調査官から、職親の会の結成が提案されました。これを契機に、青山弁護士の個人的な職親名簿を基に、関係者に限り公開可能な名簿作りが、熊本少年友の会・熊本県弁護士会双方で始まりました。この結果10数社が職親に登録されました。

しかし、残念ながら、当時は職親の利用はあまり多くなく、職親同士も個別に活動するだけで横のつながりはない状態でした。そこで、2012（平成24）年8月22日、職親同士の情報交換を密にしてつながりを作り、他方で職親の会を組織化して関係者に周知するため、「熊本少年友の会　職親の会」が結成されました。熊本少年友の会内の組織としたのは、個々の職親や職親の会を熊本少年友の会全体で支えるためでした。

家庭裁判所との関係

現在、職親の会は熊本少年友の会の一組織です。熊本少年友の会は家裁に事務局を置く会ですから、職親の会も家裁の傘下にあると言えます。また、職親

は、個人として保護司を務められている方も多く、更生活動において経験豊かな方々が多数おられます。

そのような性格もあってか、職親が引き受け手になった場合、私の経験上では、家裁に職場の適性等について疑義を唱えられたことはありません。無論、職親が付いても少年院送致になることも珍しくないのですが、処分に迷う事案などでは、仕事が決まったということを一因として社会内更生の機会を与えられることは多いように思います。

家裁が、職親の会社が引き受けた場合とそうでない会社が引き受けた場合とで少年の処分を区別しているとは思いません。ただ、家裁は、少年友の会の活動を通して、職親がどのような方々かについて良く認識されていますから、そういった限度では、職親の会社が引き受けた場合、相応の安心感はもって頂けているのではないかと思います。

職親側の課題

職親側の課題としては、①少年からのニーズに対応できていない、②職親の活用方法を関係者に周知できていない、という２つの課題があります。

少年からのニーズに対応できていない

この点については、職種の問題と住環境の問題があります。

職種の問題とは、業種が多様化してきたとはいってもまだ土建業が中心であることは否めず、少年が選択できる職種が限られてしまうという問題です。女子や体力のない男子等は適当な仕事を見つけられないことも多々あり、職親にその子の特性に配慮してもらって雇ってもらう場合もあります。最近は、発達障害や軽度の知的障害を抱えている少年が相当数いることもわかってきました。職親としても、少年の多様な特性に対応できるよう、今後もっと職種を増やしていく必要があります。

住環境の問題とは、少年の住まいの問題です。少年は無免許であったり、家庭環境に問題があったり、交友関係に問題を抱えていたりします。そうしますと、家庭やそれまでの交友関係から離す必要が出てきますし、そうでなくとも交通手段が限られるので住まいが職場に近くなくては仕事に行けないということにもなります。実際問題としても、社員寮付きや住み込みができる職場という要請はとても多いのですが、それにはあまり対応できていないのが現状で

す。職親によっては、近くのアパートを借りたり、社長の自宅に住み込ませたりする場合もありますが、零細企業も多く、そういった対応ができる職親は限られてきます。住まいの問題が解決できず職親を利用できなかったという例も珍しくありません。県内あまねく職親が点在する状態にできれば少しは改善できるのですが、まだ活動半ばといったところです。

ただ、正直なところ、住まいの問題は、自立援助ホーム等の建設、里親制度の活用等といった形で、本来は社会が対応すべき部分ではないかと思っています。職親は、先述しましたように、少年との関係では利益度外視の働きをします。職親にさらに住まいまで用意せよというのは、酷な話です。

職親の活用方法の周知不足

この問題については、職親の会事務局を担当している一人として猛省するほかありません。

少年事件は付添人が決まってからおよそ3～4週間のうちに少年審判が行われますから、その短期間のうちに少年と面会を繰り返して少年の特性を把握し、今後の見通しを立てなくてはなりません。家庭や学校などの環境調整も必要になりますし、場合によっては被害弁償の交渉も必要になります。少年事件を受任すると、審判までは少年事件を中心に仕事の予定を組み立てざるを得ないほどに、やるべきことが山積みになります。熊本では、全国でも稀なほどに、少年友の会の付添人と弁護士付添人が協働することが多く、弁護士付添人が少年友の会付添人の選任を裁判所に要請して、一人の少年に3名の付添人がついて活動することは珍しいことではありません。それでも、少年に仕事が必要と判断したときにすぐに活用できる職親の情報が関係者になければ、審判に間に合うように仕事を調整することはなかなか難しいのが現状です。

一度職親の会を活用した付添人は、その後は容易に職親につながれますが、その最初の一歩のハードルが高いようで、まだまだ職親を活用していない付添人の方が多いのが現状です。

今後は、より職親につながり易いように、職親の会の存在意義や職親と少年のつなげ方について、研修などを通じて付添人に周知する活動を継続するだけでなく、各職親の仕事の内容がわかる短時間の映像を作成して、これを関係各機関等に配布することも計画しています。

少年側の課題

　私個人の体験では、少年を職親に預けて一度で成功したことは、残念ながら、まだ一度もありません。職親の話を聞く限りでは、他の付添人による事例も同じような状況のようです。職親と少年との相性もありますが、一番の原因は、少年の更生への覚悟のなさにあるように思います。

　付添人が少年を職親につなぐ場面は、少年審判が直近に迫っている時期になりますから、付添人に少年と職親との相性を熟慮する時間的な余裕はありません。また、少年は、仕事が決まったら少年院等に行かなくてすむかもしれないといった状況下で仕事を選ぶことになります。そうすると、少年は、職種が増えてきたとはいえ十分ではない職親の中から、自分がどうしても嫌ではなければ良いという発想で職親を選び、就職面接として面会に訪れた職親に対しても、本音を隠したところで対峙しがちになります。他方、職親側は、原則引き受けるという姿勢で臨みますから、仕事をしたいという少年を拒否することはまずありません。

　この結果、少年審判では予定通りに社会内更生の決定が出たとしても、実際に職親の下で稼働し始めたときには、少年に、思っていた内容と違う、仕事が面白くない、職親と考えが合わない、友達と遊びたい、等といった不満が出てきます。そして、少年は、職親の元を逃げ出したり、友達と遊んでいる最中に再非行行為に及んだりします。

　少年に更生の自覚を促すのは、付添人をはじめとする関係各機関の大人たちの仕事です。鑑別所で何度も面談を繰り返して更生の必要性を語ったり、就業後にはたまに顔を見にいったりと、付添人も可能なところでの努力はしているのですが、少年の心奥深くにまで更生の必要性を自覚させることは、なかなかできません。

就労事例

　職親につないだ少年事件についていくつかご紹介いたします。守秘義務の問題がありますので、御紹介するのはいずれも私が関わった事案のみです。また、事案を特定できないように一部変更部分があることはご了承ください。

ケース１：職親による側面支援の事例

　少年Ａは、過保護な親との関係がうまくいかず家出して、友達の家に泊まったり、野宿したりして、数カ月をすごしていました。保護観察中だったのですが、家出中に、友達に誘われて窃盗を行い逮捕されました。

　付添人として何度も面談を繰り返し、少年院送致の必要はないと判断するに至ったために、少年Ａの就労意思を確認して職親探しを始めました。結論からいえば、少年Ａは免許がなく通勤手段が限られたために勤務可能な職親がみつかりませんでした。少年Ａは、親が伝手で探してきた会社に勤務することを条件に少年院送致を見送られましたが、その会社は少年Ａに全く向いていなかったために、まもなく退職しました。その後、少年Ａは、自分で就労支援を受けて希望の仕事に就き、今は良い父親になっています。

　少年Ａが希望の仕事に就くまで、私は、少年Ａの親から、また少年Ａが家出してしまうのではないか、また罪を犯すのではないか、といった内容の相談を何度もお受けしました。少年Ａに直接会って話を聞いたこともあります。私の眼には、少年Ａは自分の意志で更生の道を歩み始めており何の心配も要らないように映っていましたので、少年Ａの親には、相談の都度、信用してあげてほしいと伝えました。

　少年Ａの更生を陰で支えていたのは、私だけではありませんでした。私が職親を探していた時に一度打診した職親が、自分のところで雇ってやれなかったことを申し訳なく思い、その後もずっと少年Ａと家族に寄り添い、励まし続けていました。私がそのことを知ったのは、少年Ａが希望の職に就いた後に少年Ａの母親から報告を聞いたときでした。この職親は、いまもなお、少年Ａと少年Ａの家族との関係を維持されています。

　少年Ａを信じて少年Ａのために心を砕いて寄り添ってくれる人の存在が、少年Ａと少年Ａの家族を支え、結果として少年Ａの更生を後押しした成功事例だと思います。

ケース２：職親と入所施設との連携事例

　少年Ｂは地元の暴走族にはいっており暴走行為で逮捕されました。前歴がなかったために保護観察になるだろうと思われましたが、地元の仲間のもとに戻すと再犯の可能性があると考え、少年Ｂ本人と両親同意のもと地元を離れた地域で住み込みつきの職親探しを始めました。

　しかし、住み込み付きの職親はほとんどありません。そのころ、ちょうど未

成年者を引き受ける民間の入所施設ができたとの情報を得たために、当該施設に打診したところ入所可能との回答がありました。住居を確保してから、少年Bと職親をどこにするかを検討しました。入所施設の近所に事務所を構える職親があったために、その職親に連絡をしたところ、入所施設まで毎日送迎してよいとの答えを頂きました。少年Bも職親と面談してそちらに就職すると決意しました。

少年審判の結果は保護観察で、少年Bは翌日から施設に入所して、そこから毎日仕事に行くようになりました。

少年Bは、入所施設にいた別の少年も誘って、職親のところで真面目に働いていました。その後、数カ月して、少年Bが地元で働きたいと職親に申し出たために、職親も、地元で仕事をするというのであればということで、少年Bの退職を認めました。

少年Bが退職する少し前、私は、職親から、少年Bが何とか頑張っている状況であるという話を聞いたことから、一度入所施設に少年Bを訪ねたことがありました。残念ながら、少年Bはまだ仕事から帰っておらず留守でしたが、入所施設の方からも、何とか頑張っている状態であるとお聞きし、少年Bが職親の会社を辞めてしまうのではないかと、危惧していました。その後、少年Bが職親の会社を辞めて地元に戻ったと聞き、とても残念に思いました。後に、職親に会った際に、少年Bは真面目に頑張っていたこと、地元を離れた生活が寂しそうであったこと、地元に仕事を見つけてきていたので退職を認めたこと等をお聞きしました。その際、職親は、彼は大丈夫でしょう、と言われました。

なお、余談ですが、少年Bが職親の会社に誘って一緒に働いていた入所施設の少年は、少年Bが退職した後も職親の会社で働き続けました。

ケース3：少年院退院後の事例

少年Cは暴走行為で逮捕されました。前歴がなかったので保護観察と見込まれましたが、そのまま地元に戻してしまうと暇でまた暴走行為をしかねないとの不安から、職親を探すことになりました。自宅からは遠かったのですが、親の職場に近いところに職親がおられました。親が自分の仕事の行き帰りに少年Cを送迎すると言われたため、その職親にお願いに行きました。職親は、親が毎日送迎する負担と、親に送迎される少年Cの面子を考えて、親による送迎を歓迎はされませんでしたが、やむを得ないとのことで引き受けられました。

少年Cは保護観察となり、職親は、少年Cの勤務開始時間を遅くしたり、食

事に連れて行ったりと、少年Cが無理なく職場に入り込めるように様々な配慮をされました。

しかし、少年Cは、数か月後、結局仲間と再び遊び始めて仕事は辞めてしまいました。

このとき職親から、この少年Cは非行傾向が一見したところより進んでいるので、再犯する可能性が高いと言われました。

それからしばらくして、少年Cは再度逮捕されました。偶然また私が付添人になりましたが、今度は保護観察中の同じ犯罪であったために少年院送致となりました。

少年Cが少年院を出院するにあたり、親から少年Cの職場の紹介の要請を受けました。社員寮が空いている職親がおられたために、そちらにお願いしました。少年Cは、出院後しばらくは真面目に働いていたのですが、そのうち仕事をさぼりがちになりました。職親は一緒に食事に連れて行ったり、病気になれば病院に連れて行ったりと少年の面倒をよくみられていたのですが、なかなか少年Cの仕事への態度は改まりませんでした。あるとき、少年Cが仕事をさぼって友人と遊んでいたことが判明したことで、少年Cは職親の会社を辞めることとなりました。

少年Cがその後どうしたのか気になっていたところ、最近になって、少年Cが現在は結婚して子供も出来、真面目に働いていることがわかり、安心しました。

私は、出院後の少年Cを職親に頼んだ後、ほとんど関係を持ちませんでした。後日、職親から、弁護士にも少し少年の様子を気にかけてほしい、と言われました。少年Aの事例のように、少年の更生には、関係した大人達がどれだけ熱心に少年のことを考えているかを少年に伝えることが大事であることはわかっていたのにと、恥ずかしくかつ申し訳なく思いました。

ケース4：女子の事例——どこまで関与するか

少年（女子）Dは、家族関係がうまくいかず、家出して性風俗の仕事に就いていたところを警察に保護されました。少年Dに前歴はなかったものの家族のもとには返せない状態であったことから、地元をはなれて住み込みで働ける職親を探すことにしました。

住み込みの職親が少ないことは先述のとおりです。私は、少年Dに、女性が管理責任者を務める入所施設に入所して、福祉関係か女性の職親の会社で働い

てはどうか、と提案しました。しかし、少年Dは、男性職親の会社で肉体労働をすることを強く望みましたので、少年Dが希望した職親に引き受けのお願いに行きました。その職親は、女子は引き受けない方だったのですが、少年Dが強く希望していることを伝えると、やむなく了解されました。住まいは、その会社の社員寮を使わせてもらうことになりました。

　少年Dは保護観察となり、職親の会社の社員寮に入り、女性の上司のいる場所で働き始めました。最初の頃は、真面目にやるということで、少年Dの評価はとても良いものでした。少し経過して会社に慣れてきたころに、少年Dは別の職場に異動となりました。ここでも最初は、少年Dの評判は悪くはありませんでした。しかし、少年Dは、次第に職場の人間関係に悩むようになり、心を閉ざすようになっていきました。職親は、少年Dのために、職場や私生活で様々な工夫をしてみましたが、少年Dの心が開かれることはありませんでした。ついには、少年Dは仕事に満足に取り組まなくなり、職親の会社に入って半年ほどで退職となりました。

　その後、少年Dは、縁あって、私が最初に入所を提案した施設に入所することになりました。少年Dは、そこで就労支援を受けながら今後の自分の生活を立て直すことになりました。少年Dは、職親の会社での人間関係から解放されたことから、少し心を開くようになり、施設の女性責任者のことを親のように慕い、明るさを取り戻していきました。しかし、同時に、就労支援を受けるなかで市街地に出ることが多くなった少年Dは、以前の仲間とも連絡をとるようになり、次第に生活が乱れていきました。施設の責任者は、何度も何度も少年Dに生活の乱れを治すように注意をしましたが、少年Dの生活がもとに戻ることはなく、ついには施設も退所せざるをえなくなり、少年Dは家族のもとへ返されました。現在、少年Dがどうしているのかは全く私にはわかりません。

　少年Dは、性被害にもあっていたことから、私は、相当なところまで関係を継続していました。職親のところで問題が発生して夜に職親に呼び出されたこともありました。具合が悪いと聞けば見舞いに行き、精神的に不安定だと聞けば食事に連れ出すなどもしました。職親の社員寮から施設に移ってからは、女性の管理者と時々連絡をとりあって、少年Dの様子を聞き、少年Dとも電話で話すなどしていました。しかし、次第に連絡が疎かになっていき、女性管理者からの連絡があるときは、少年Dを引き受け続けることは難しいかもしれないなどといった内容になっていきました。少年Dのことが気にはなっていたものの、女性管理者に任せっきりになっていました。

付添人の仕事は、法的には少年審判が終われば終わりです。職親の仕事はそこから始まります。一人で少年のことを負うことが大変であることはわかっているので、職親に付添人として頼んだ以上は、付添人としても放置していてはいけないのだとは思います。しかし、どこまで関与するかはとても難しい問題です。職親がどこまで少年の面倒をみるか、も同じ問題を抱えています。

ケース５：少年の真意を汲みとれていなかった事案
　少年Ｅは、高圧的な父親に反発して家に近寄らなくなっていました。そうした中で、お金がなく窃盗を犯して逮捕されました。

　少年Ｅは前歴がなかったことから保護観察になることが予想されましたが、地元にも家庭にも戻すことはできないと考え、住み込み付きの職親を探すことにしました。

　少年Ｅに仕事の希望はあるか聞いたところ、少年Ｅは、髪をいじるのが好き、料理も好き等と答えました。料理に関連した職親の会社があったことから、私がその職親を少年Ｅに勧めたところ、少年Ｅも希望したことから、その職親に連絡をとり、住み込みで引き受けていただくことになりました。少年Ｅの父親も職親の会社への就職を認めてくれたことから、少年Ｅは、父親が自分の思いを尊重してくれたと非常に喜んでいました。

　少年Ｅは保護観察となり、審判の翌日から、職親の会社で、住み込みで働くことになりました。最初の頃は職親とも連絡を取っていましたが、少年Ｅが落ち着いてくると連絡も取らなくなってきました。途中、半年ほど過ぎた頃に一度だけ、職親の会社に少年Ｅを訪ねましたが、とても落ち着いた表情をしていて、仕事も楽しいと応えていたので安心していました。職親からも少年は非常に評判がいいと聞いていました。

　あと数週間で保護観察も終わるという時期に、少年は窃盗で逮捕されました。友達に会いに行くのに移動手段がなかったので、置いてあった自転車を使ったというものでした。事件後、職親が少年と今後について話したところ、そこで初めて、少年は、職親に、本当は美容師になりたかったといったそうです。

　少年Ｅは、職親の元で働きながら、自分が本当にやりたいことを見つけたのかもしれません。少年Ｅに本当にしたい仕事をさせてやることができていたら、もっと真剣に更生に取り組んだかもしれないと、無念さを感じた事案でした。

少年を更生させるもの

　少し職親とは離れます。
　私が最初に担当した少年事件は熊本市内から車で2時間もかかる場所の事件でした。少年Fは、少年院から出院して1年も経過していないところで窃盗をして逮捕されました。当時17歳だった少年Fは、少年Fのもとに遊びに来ていた非行少年らから誘われて断ることもできずに窃盗現場に付いて行ったのでした。
　少年Fは、中学校すらまともに通えていませんでした。自分から行かなかったのではありません。地元の中学校は、少年Fが校則を守らないことから少年Fの通学を拒否して、少年Fの両親に熊本市内の矯正施設への入所を勧めました。少年Fの家族は、少年Fに教育を受けさせるために、やむを得ず矯正施設にいれました。しかし、少年Fは、矯正施設にいなくてはならない理由がわからず、施設を飛び出して自宅に戻りました。地元の中学校は少年Fを受け入れなかったために、少年Fはまともに義務教育さえ受けることはできないままに義務教育課程を終えました。
　少年Fは、非行の度合いを強めていき、少年院に入院しました。出院後に起こしたのが今度の事件になります。
　私は中学校時代のことを家族からききました。少年Fに面会に行くと、学校のことをとても嫌っていました。学校で何か事が起きるとそれは全部自分のせいにされた、学校に通学すると教師達から突然囲まれて帰宅するように迫られた等、少年Fが受けた仕打ちはあまりにも一方的なものだと思いました。また、少年Fは裁判所のことも非常に嫌っていました。少年院に入ることになったときの審判で、裁判官は頬杖をついたまま、ろくに少年Fに事情を確認もしないで少年院に行くように少年Fに言い渡した、ということでした。
　私は、調査官と裁判官と面談をして、少年が以前に受けた審判での裁判官の態度に傷ついていることを伝えました。また、裁判所が少年Fに仕事が見つかれば今回は保護観察でもいいという考えだとわかったために、家族に仕事を探してもらいました。当時の私は、職親の会を知らなかったので、職親の会を頼ることができませんでした。結果として、仕事は見つからず、少年審判で少年Fは再び少年院送致となりました。ただし、その少年審判では、非常に丁寧な審理がなされました。

審判後、私は少年Ｆに面会に行きました。少年Ｆは、少年院に行きたくないとはいいつつも、今回の審判では、家族は仕事を懸命に探してくれたし裁判官はとても丁寧に自分の言いたいことを聞いてくれたので、結果には不満はない、と答えました。

　別の少年からも、私は同じような言葉を聞いたことがあります。つまり、少年自身が犯したことを丁寧に調べて少年のことを真剣に考えてくれた審判の結果ならば、少年院送致であっても不満はない、ということです。

　少年事件を担当していて感じるのは、非行少年には適切な監護がなされていないことが多いということです。放置された少年は、自分は家族にも社会にも必要とされていない人間だと思い、非行に走ります。過保護にされた少年は、家族のだれも自分の自由意思や自立心を尊重してくれないと感じて、非行に走ります。

　少年Ｆは、地元の中学校から要らない者扱いされ、最初の審判でも要らない者扱いされました。審判で丁寧な審理を受けることなど当たり前の権利です。その当たり前の利益を受けただけなのに、少年Ｆは納得して少年院に行けると言いました。私達の社会は、社会の未来を担う少年達にどういう対応をしているのか、考えなおすべきなのではないかと思います。

　職親の会が今必要とされているのは、第三者という少年からは一歩離れた存在でありながら、親に近いお節介を焼いて少年に真剣に関わってくれる存在だからではないかと思います。この職親の気持ちの熱さが、少年たちの気持ちを変えていくのではないでしょうか。仮に今回は職親の会社でうまく行かなかったとしても、職親の気持ちの熱さを知った少年たちの心は、気づかないうちに少し動いていて、それが先の将来で少年達を更生に導いていくのではないかと思っています。

職親の会の今後の展開

　職親の会は、篤志の事業者の会です。必要とされれば、職親は、未成年者だけでなく大人も引き受けますし、非行少年以外の未成年者も引き受けます。

　昨年度より、職親の会は児童相談所とも連携を始めました。児相に保護されている子供達で仕事を探している人がいたら職親の会を利用してもらいます。児相の方々は、我々付添人よりも丁寧に子供達と向き合っておられるので、職親の選定やその後の追跡も丁寧で、教えて頂くことばかりです。

職親の会を様々な子供たちの人生のやり直しのために活用して頂けるように、これからも活動の場をどんどん拡大していきたいと思っています。

第2部 教育機関との連携事例と連携の課題

少年と保護者参加のケース会による連携
生き生きとした非行少年と
「冷凍パック状態」の非行少年の事例を通して

廣田邦義（臨床心理士、元家庭裁判所調査官）

はじめに

　家庭裁判所調査官（以下調査官）時代、小さな支部勤務を長年続けてきましたので、関係機関との連携は密との自負がありました。退職後も教員、弁護士、臨床心理士とのケース会を続けています。しかし、官から離れた自由な立場でもっと関係機関の実情を知りたいとの好奇心もあり、県警の親子カウンセリング、児童相談所の専門家相談委員、少年鑑別所の視察委員、スクールカウンセラー（以下 SC）、教育委員会の専門家相談委員をしながら家裁の外から少年非行にかかわるようになりました。そこで痛感したのは、関係機関に対する認識不足、各機関の連携の難しさ、あまりにも遠い家裁の存在でした。今までは、家裁を中心に非行のケース会を重ねてきましたが、今回は活動の拠点を中学校に置いて、ひとつの架空事例（中学校や各機関でいつも生じている問題点を集めました）を手掛かりに関係機関が当面する課題と連携の在り方を中心にいくつかのキーワードを小見出しとして提示しながら考察したいと思います。

　ケース会のメリットは、多くの情報を共有することで、より客観的な見立てが可能になり、次の一手に結びつきやすくなるところにあります。出席者は常にケースにかかわっている担当者であり、少年のためのケース会であることが共通認識です。ただ、ケース会も万能ではなく、個別的なかかわりを並行して実践することで処遇効果が上がると考えています。なお、ここでは少年・保護者が参加するということでケース会議ではなく、ケース会と呼びます。

　筆者がかかわっている小中学校は毎日のように事故、非行、不登校、虐待、保護者からのクレームなどが発生していまして、まさに「事例の展示場」のような状況です。

事件発生

　香川太郎君（以下太郎）は 13 歳の中学 2 年生。中 1 の 2 学期頃から喫煙、教師への暴言、校内徘徊を繰り返し、校外では上級生と一緒に傷害事件も起こして警察に補導されていました。担任や生徒指導の教員からは毎回注意を受けてきましたが、反抗的な態度を取り続けています。中 1 の 3 学期には教師への暴力事件を起こし、次に同じことをすれば警察に連絡すると学校から念を押されていました。

　中 2 になったあとの 5 月。数名の仲間と授業を抜け出して、体育館前にいるところへ担任がやってきました。担任は太郎の足元に落ちていたタバコの吸い殻を指さして「タバコを吸っただろう」と迫りました。太郎は「吸ってない」「どこに証拠があるんな」と言い返しました。担任が「吸っているのを見た人がいる」と伝えた直後に太郎はいきなり担任の顔面を拳で 2 発殴り、背中や臀部にも数回足蹴りを加えました。さらに足蹴りをしようとしましたが、駆け付けた生徒指導や他の教員に制止されました。担任は全治 7 日間の顔面打撲傷を負いました。

教師は被害届を出すことに苦悩している

　学校は対応に追われました。興奮状態の太郎を別室に連れていき生徒指導担当（以下生徒指導）が個別指導。その後、保護者に連絡して迎えに来てもらいました。担任は治療のため、病院へ向かいました。その後、緊急の生徒指導委員会が開かれて暴行の経緯と今後の対応が協議されました。難航したのは、警察に被害届を出すか否かでした。太郎には再度暴力事件を起こせば、警察への連絡を強く指導していたので被害届を出すべきとの意見も多かったのですが、最終的には担任の意見を尊重することで一致しました。

　担任は迷っていました。

　「生徒を訴えるようなことは教師としてできない」「教師はどんな時でも生徒を守る」

　これは教員魂であり、被害届を出すことはこの信条に反するものです。教員人生における重大な決断を迫られることになりました。数日後、担任は太郎の将来を考えるとこのまま放置することは彼のためにならないと考えて、警察に被害届を出しました。

中学校

学校では生き生きとした非行少年の姿が見える

　太郎は事件の翌日から何もなかったように登校していました。昼頃登校して給食を食べた後は授業を抜けて校内を徘徊、3階から水の入ったペットボトルを中庭に投げつけたり、奇声を発するなどを繰り返しました。放課後は職員室にやってきて、教師に「お前ら何もできんだろう」などと言いながら居座っていました。生徒指導が退室するように注意しても無視。連れ出そうとすると「先生が暴力したら首になるぞ」と動かない状況が1時間以上続きました。それでも多くの教師は太郎を無視するのではなく、話しかけたりしています。「大きな体をしているが幼児が遊んでほしいと言っているのと同じ」「機嫌のいいときはいいが、注意されたりすると突然スイッチが入って暴力的になる」とある教師は述べました。学校は彼らのホームグランドであり、何をしても許されるという「甘え」も加わって、生き生きとした非行少年の姿が見える場所でもあります。

SCが非行生徒と面接するのは難しい

　数日後、SCによる太郎と保護者の面接が行われました。通常、SCが非行生徒と校内で面接することは難しいのです。というのも、本人も保護者も中学校への不信感が強いからなのです。面接が実現したのは、小学生のころ、不登校がきっかけでSCと太郎は何度も会っていたので、気楽に話ができる関係ができていたことが大きかったと思われます。SCは中学校とは別の立場で、秘密を守ることを明確にしてから警察や児童相談所に関する適切な情報も伝えるようにしました。

　母親は「同じことしても太郎だけいつも怒られる」「他の子と同じ扱いをしてほしい」「家庭では何の問題もない」と述べました。太郎は「担任と生徒指導がうっとおしい」「タバコは吸っていなかった」と言いました。2人は学校批判を繰り返し、殴ったことへの反省は全くありませんでした。SCは暴力場面を細かく聞こうとしました。母親は学校での太郎の様子をほとんど知らず、太郎から聞いたことを鵜呑みにしていたので、実際の姿を知ってほしいと思ったからです。しかし、太郎は「覚えていない」と投げやりな態度でした。

　母親によると、家庭内での太郎は優しく、よく気の付く子どもといいます。

母親の体調が悪いと直ぐに気づき、食事の片付けを手伝うなど母親思いの一面があります。父母が離婚したのは太郎が５歳の時。父親は腕のいい和食の料理人ですが短気で暴力的。赤ん坊の太郎が泣いていると大声で怒鳴ったり、母親を殴ることもありました。その後、母親への暴力がひどくなったので離婚を決意。以来、母親との２人暮らしが続いています。母親は昼間はスーパー、夜は居酒屋で共にパートタイマーとして働いています。スーパーの勤務を終えてから帰宅し、夕食の準備をしてから再び仕事に出かけています。父親は再婚して隣町に居住し、和食店を自営しています。太郎との交流はありません。太郎は小学生の頃はおとなしく、４年生のとき、いじめられて不登校になりました。肥満体のため、同級生の鉄男から「ゴリラ」とからかわれたこともありました。知能は平均域。国語は苦手ですが、算数は得意で運動能力も高かったのです。不登校は５年生から改善されました。クラス替えで鉄男がいなくなり、からかわれることがなくなりました。男性の担任は太郎を運動場に連れ出してサッカーで遊んでくれました。太郎にとって担任とのサッカーは楽しかったのです。小学校は不登校以外に特別な問題行動もなく卒業しました。

　太郎は、中学校の入学式で学ラン（非行系生徒が好んで着用する変形学生服）の上級生から声をかけられました。中３の猛ら５人のグループでした。彼らは体育館前で騒いでいました。１学期、休み時間に猛から授業を抜けて校外で遊ぼうとの誘いがありました。太郎は、彼らと遊びたかったのですが、担任から叱られるのが嫌だったので教室に戻りました。その後も再三誘いをかけられましたが、曖昧な返事を繰り返しました。

　ところで、同じクラスに鉄男がいました。鉄男は小学校のときと同じように太郎をからかってきました。太郎は言い返したいのですが、彼の前では何も言えなくなります。そこで、猛に相談すると、「わかった」と言われました。翌日から鉄男は何も言わなくなりました。これをきっかけに太郎は授業を抜け出して猛らのグループと行動を共にするようになったのです。学ランは猛からもらいました。学ランに着替えて教室に入ると同級生の視線が自分に集中し、今までに経験したこのないようないい気分になりました。

　しかし、担任から「すぐに着替えろ」と注意されました。翌日、学ランで登校すると、生徒指導から「着替えてこい」と厳しく注意されました。そこで、授業をさぼって校外で猛らと遊びました。夏休み前には遅刻や授業を抜け出すのが当たり前になっていました。教師の注意も気にならなくなりました。夏休みになると、猛らと毎日のように遊びました。太郎は、喫煙、ゲームセンター

への出入り、深夜徘徊などを繰り返しました。

　2学期、以前から対立していた隣町の中学生3人と猛のグループとの集団の喧嘩が発生しました。そのグループは猛がリーダー格で、3年生の4人と太郎もそれに加わりました。金属バットを使用したため、傷害の程度も全治3週間と重く、リーダー格の猛が逮捕されました。少年審判の結果、児童自立支援施設送致の保護処分決定が出されました。他の4人も全員保護観察の保護処分決定を受けました。太郎は児童相談所から面接指導を受けましたが、保護処分は受けませんでした。これを契機に、3年生4人は次第に登校しなくなり、太郎だけが校内で目立つ存在となっていったのです。以上が、SCが太郎と母親から聞き出したことです。

警察

14歳の壁

　6月に入り、太郎は警察から呼ばれました。14歳未満は逮捕されないことを知っていたので、太郎は横柄な態度を取りました。太郎は、警察官に対して、大声を出して取調室の椅子を蹴るなどの反抗的な態度で威嚇しました。しかし、警察官は教師と違っていました。威嚇は全く通用せず、逆に教師とは違うすごい迫力で怒鳴られました。その後、太郎は黙秘したために長時間の取調べとなりました。1日目の取調べは夜遅く終了しました。2日目は別の警察官から聞かれました。優しい口調で学校の話やゲームなどを聞かれているうちに、教師暴力の話になり、いつの間にか警察官に話をしていました。警察官は小学生の不登校になったときの話や父親のいないさみしさなどもしっかりと聞いてくれました。母親は仕事の都合で警察には来てくれませんでした。代わりに、警察への付き添いと送迎は教頭先生がしてくれました。車中でいろいろと話をしました。いつもは、難しい顔をしている教頭でしたが2人になると優しくしてくれました。計4回の警察の取調べが終わり、書類は児童相談所に送られました。警察は児童相談所に対して、一時保護と児童自立支援施設入所の意見を付しました。

児童相談所

保護者の同意

　7月。太郎と母親は児童相談所に呼ばれました。担当は前回の事件の時と同じ児童福祉司の栗林先生。事件のこと、家庭や学校の様子、友達のことなどを細かく聞かれました。警察と同じようなことも聞かれたので「同じことを聞くな」と少し栗林先生に反抗しましたが、「もう少し我慢して」と笑顔で返されました。その後、もう一人の先生から各種心理テストを受けました。前回よりも時間がかかりました。児童相談所の面接は1週間おきに計3回行われました。3回目に母親は栗林先生から一時保護を打診されましたが、即座に拒否しました。母親は、家庭では問題なく暮らしているのに、教員の指導が悪いから事件が起きたのだと考えていました。もっと詳しく太郎を調査したいのであれば、通所で十分だし、自分が一時保護を承諾すれば、太郎は母親にも不信感を持ち、もっと悪いことをするようになることを母親は恐れていたのです。

　8月。学校で教員、SC、児童相談所の職員が集まり、ケース会が行われました。学校は太郎の最近の様子を報告しました。3年生が卒業した後の太郎は、「お山の大将」。事件後も同級生を引き連れて校内を徘徊したり、校外の大型店などで遊んでいます。怖いものなしの状態です。教師の注意は無視するか、大声で「うるさい」と反抗するので指導できない状況が続いています。このままでは再度教師への暴力が起こるということで、児童相談所による一時保護の必要性が強く出されました。

　児童相談所での太郎は、比較的素直な一面を見せていました。栗林先生や他の職員とも笑顔で話をしていました。しかし、学校の話題になると表情が一変し、担任や生徒指導を「やっつけてやる」などと感情的になります。心理テストでは、感情統制の悪さや少しのことで苛立つなど攻撃性の強さが出ていて、衝動性の高さも目立ちました。児童相談所の職員は、ADHD（注意欠陥・多動性障害）の疑いがあるので、病院へ行くように伝えましたが、太郎も母親も拒絶しました。知能は平均域。入学時の学力は中位でしたが、現在は下位。ある程度の基礎学力は有しているので、努力すれば高校進学は可能です。料理に関心が高く、手先は器用。絵も上手い。ケース会では、2学期の様子を見たうえで一時保護を最終判断することになりました。

　9月。スーパーでの万引きが発生しました。太郎が同級生と一緒に5,000

円程度の菓子や飲み物を盗んだのが発覚したのです。同店には以前から出入りしており、挙動不審者として警備員からマークされていました。万引きは初回ではなく、かなり常習的であった可能性が高く、直ちに警察に通報されました。

10月。児童相談所は母親に再度一時保護を説得しましたが、拒否されたことから観護措置と児童自立支援施設相当の意見を付して太郎の事件を家庭裁判所へ通告しました。

家庭裁判所

「冷凍パック状態」の非行少年

11月。太郎は家庭裁判所で観護措置決定を受けました。太郎は予想していたので静かに決定を聞きました。しかし、少年鑑別所入所後、担当職員から所内生活の説明を受けているときに、「聞きたくない」「うるさい」などと大声を出し、椅子を蹴ったりして暴れたので即座に取り押さえられて謹慎となりました。

数時間後、脅しが通用しないことに気づき、太郎は態度を180度変えました。自分を封印し、模範的な生活を開始しました。まさに「冷凍パック状態」です。面会に訪れた校長や生徒指導の教員は、太郎の変身ぶりと自分の置かれた状況を読むことができることに驚きました。

少年鑑別所では、規則正しい生活を送りながら非行を反省し、今後の生活方針を立てることが目標となります。太郎の日誌には、担任を殴ったことへの反省、母親に心配をかけたことへの後悔、学校に帰ればきちんと登校し、授業を真面目に受けて頑張る決意が書かれていました。また、中学生は学習にもかなりの時間が充てられていました。熱心な学習態度は外部講師からも高い評価を受けました。母親との面会では、太郎は大声を出して泣き、今後一切迷惑をかけないと誓いました。

調査官は、太郎の「貼り絵」を見てすばらしい出来栄えに驚きました。実に細かく丁寧に港の風景を描いていたのです。小さいころ、父親に連れられて出かけた場所でした。父親との楽しかった思い出がいっぱい詰まっていました。太郎は調査官に、入所日に暴れたのは、少年鑑別所の職員の上から目線に腹が立ったからと話しました。その後、我慢しなくてはいけないと素直に反省し、後日謝罪もしました。太郎の気持ちとしては、父親に会いたいけれども、父親は再婚して子どもがいるので迷惑をかけられないし、母親にも悪いからできな

いといいます。太郎の話によれば、万引きは小3から時々やっていて、菓子類を多く万引きしていました。太郎は、その悪い癖が今も続いているのであって、今後はしないとの決意を調査官に述べました。学校で傍若無人に振る舞う太郎の姿はありませんでした。調査官はこれも太郎の一面ではないかと考えました。ただ、学校に戻れば冷凍パックが解凍されるので予後は大変と予測しました。

母親は調査官の前では終始泣いていました。母親自身が母子家庭で育ったので、太郎には自分と同じさみしい思いをさせたくないとの気持ちが強く、父親の暴言や暴力に耐えてきたのですが、限界を感じて離婚したということでした。母親は、太郎が金銭持ち出しや万引きをするようになったのは、父親のいないさみしさからだと述べました。太郎は母親に対しても時々暴言を発しており、母親は父親の姿を見るようで恐怖感を抱いていました。

少年審判

12月。出席者は太郎と母親、校長、担任、弁護士付添人。審判は裁判官が人定質問、非行事実を確認するところから始まり、非行動機、太郎の成育史、家庭や学校生活へと話が進みました。太郎は落ち着いていました。少年鑑別所で反省したので自分の頑張る姿を見てほしいと主張し、母親も夜の仕事をやめて太郎と共に過ごす時間を増やしたいと述べました。

校長は太郎が事件を本当に反省し、真面目に登校するのであれば学校としては受け入れたいと述べました。弁護士付添人と調査官は試験観察相当の意見を出していました。

裁判官は児童自立支援施設も考えましたが、しばらく太郎の様子を観察したうえで最終決定を出す試験観察を言い渡しました。

試験観察の遵守事項は以下の通りでした。
＊毎日登校して真面目に授業を受けること。
＊先生の指導に従うこと。
＊SCの面接を受けること。
＊万引きをしないこと。
＊困ったときは担当調査官とよく相談すること。

太郎は施設収容を覚悟していたので意外な結果に驚き、母親は終始泣いていました。調査官から試験観察の進め方やルールの説明がなされました。太郎と母親は、毎月調査官、SCの面接を受けることが確認されました

校内ケース会

　審判当日、校内で生徒指導委員会が開催されました。校長から審判結果と遵守事項の説明がなされました。2年の担任教員団からは太郎が丸一日授業を受けることは無理との意見が多く、最初から無理させるとすぐに限界点に達して爆発するとの意見が大勢を占めました。結局、午前中で帰宅させる案が浮上し、調査官に連絡して了承を得ました。担任はすぐに家庭訪問して母親と太郎に伝えました。翌日、太郎は制服を着て8時前に登校。普通に授業を受けました。クラスメートも太郎を受け入れました。給食を食べてから帰宅。教員も生徒も太郎の変化に驚きを隠せませんでした。この状態は1週間続き、冬休みに入りました。

　3学期の始業式に太郎が登校してきませんでした。母親からは何の連絡もなく、担任は家庭訪問に出かけましたが不在。冬休みに先輩の猛と遊んでいるとの噂話を聞いたので、猛の家へ行くと以前からの仲間が集まって大騒ぎをしていました。猛の横に太郎の姿が見えました。学校へ来るように説得しましたが、仲間の手前、格好をつけて「早く帰れ」と以前の口調に戻っていました。担任はこれ以上の説得は無理と判断して帰りました。校長に連絡し、調査官にも連絡しました。調査官はすぐに家裁へ呼ぶと約束。次の日、調査官から担任に、学校へ行くように指導したとの連絡が入りました。太郎は再び登校しました。数日後、SCから校内ケース会の提案がなされました。現在は調査官、付添人、SCがそれぞれに面接をしていますが、校内ケース会で情報を共有しながら進めるほうがより効果的というのが提案理由でした。

少年と保護者参加のケース会

　1月。1回目のケース会。調査官と付添人が太郎の様子を学校に見に来ました。その後、校長、教頭、学年主任、生徒指導、担任が出席してケース会が開催されました。校長が司会進行役。担任、学年主任の教員から太郎の様子が報告されました。SC、付添人、調査官からも面接状況を報告。誰もが予想以上に太郎が頑張っていることを認めながら、不安材料としては猛の存在を挙げました。猛には、児童自立支援施設の先生を通じて、太郎が試験観察中であり、大事な時期であることを伝えてもらうように調査官が依頼することになりました。付添人は学校訪問で直接太郎を激励しました。いわば太郎の応援団役です。

SCからは次回のケース会から太郎と母親の参加を要請する提案がなされて、了承されました。

コーディネーターは重要
　2月。2回目のケース会。母親はケース会への参加に消極的でしたが、担任が粘り強く説得しました。前回と同じメンバーが17時に集合。担任からは、太郎の緊張感が薄れて、授業中の私語と寝ている時間が増えているが、指導には従っていることが報告されました。調査官は児童自立支援施設の先生が猛と会い、太郎は大事な時期なので連れ出さないように説得し、猛もこの先生に一目置いているので聞き入れたという報告をしました。弁護士付添人の学校訪問は話題になっていました。太郎は、弁護士付添人を「僕の先生」とクラスメートに自慢しているそうです。SCはケース会のコーディネーター役に徹しました。

　18時から太郎と母親が参加しました。太郎はあまり緊張した様子もなく、笑顔で学校生活について話をしました。逆に母親は緊張して落ち着かない様子で、夜の仕事をやめたので夕食を一緒に食べるようになり、夜間外出がほとんどなくなってきたと述べました。ただ、減収は明らかなので、次回のケース会では、経済面での支援を担当する市の子育て支援課と生活保護課の参加を要請することにしました。保護者参加のケース会は立体的な情報と支援の方向性がみえてくるので、継続することで一致しました。

具体的な援助を考える
　3月。3回目のケース会。ケース会に子育て支援課と生活保護課の職員が加わりました。それによって、現在の収入通りであれば、生活保護費が受給できることが分かりました。子育て支援課からはボランティアによる学習支援の提案がありました。学校での太郎の様子が報告されました。それによると、担任や教頭の授業ではおとなしいが、他の授業は私語が多く、学習態度は悪くなっていて、3年生になればもっと心配との声が教員から出されました。この点を太郎に直接聞くことになりました。

　その後、太郎と母親が同席。太郎は授業が分からないので退屈で、4時間の授業は限界なので2時間にして欲しいといいます。担任が遵守事項を守らないといけないと伝えると「わかっている」と元気のない返事でしたが、学習支援に対しては、興味を示しました。週に1回、18時から20時まで受けること

を太郎は希望しました。母親は生活保護課へ行くことになりました。調査官は太郎が14歳になった機会に自覚を求める意味からも中間審判を開くことを提案しました。

中間審判の活用

　4月。春休み。校長、担任、付添人が少年審判に同席しました。裁判官は太郎に遵守事項のひとつひとつを確認してから、よく頑張っていることを認めました。しかし、最近の授業態度は良くないと指摘し、3年生進級後はさらに努力してほしいと激励しました。太郎はボランティアによる学習支援に乗り気でした。1対1の形式なのでわかりやすく、教えてくれる男子大学生に興味を抱いていました。校長は太郎が理解できる授業に取り組みたいと述べました。太郎退室後、母親からは、太郎が父親に会いたがっているのでどうしたらよいかの相談が持ち掛けられました。その結果、調査官が父親に会い、面会交流の意思を確認したうえで再度母親と話し合うことになりました。

次の一手

　中3になった4月。4回目のケース会。子育て支援課からは太郎が学習支援に参加していること。生活保護課からは生活保護費が支給される予定であること。調査官からは父親が太郎と会うことに前向きであること。校長からは同じ担任が引き続き太郎を受け持つことになったこと。担任からは太郎が国語の授業中、大声を出し、暴言を吐いたことから厳しく指導したこと。以上の報告があり、「次の一手」を話し合いました。問題行動には厳しく対応することで一致しましたが、4時間授業を続けることは限界ではないかとの意見が出されました。次の一手として出されたのは、学校からは特別クラスを編成し、太郎のほか、授業を抜け出している数名の生徒も集める案、付添人からは太郎が父親の店で働く案でした。

　これらを太郎と母親に提案しました。太郎は特別クラスの先生が教頭であったことから納得しました。母親は太郎が働きたいのであれば、父親と話をしたいと述べました。太郎の態度が不明確だったので、調査官が個別面接で調整することになりました。暴言については、素直に反省したものの国語の先生への不満があり、一度スイッチが入ると押さえられなくなることを太郎も認めました。

学校以外にも目を向けよう

5月。5回目のケース会。調査官から6月に最終審判が入ることになったとの報告がありました。校長からは太郎を含めて4名からなる特別クラス授業を開始したとの報告がありました。喫煙や授業妨害が当たり前のようになっていたので、教頭を中心に各担任が交代で基礎的な授業をもち、午前中2時間で終了するプログラムです。調査官は太郎が高校進学よりも就職を希望しており、父親の店の手伝いに前向きだけれども、他方で母親に申し訳ないとの気持ちもあると報告しました。付添人は父親と面会し、中学卒業までならば、小遣い程度しか出せないが太郎を引き受けてくれることを確認しました。

担任によれば、太郎は急にイライラするし、自分を押さえることができなくなり、注意すると感情的になり、大声を出すといいます。SCは、衝動性の高さはADHDが影響している可能性が高いと考えていました。

太郎と母親を交えてのケース会の冒頭、母親からは生活保護費受給の報告とお礼がありました。父親から電話があり、太郎に店の手伝いをさせたいとの連絡があったとのこと。太郎も父親の店で働きたいといいます。SCは発達障害が心配なので病院へ行くように太郎と母親に提案しました。しばらく考えたいと母親。太郎もうなずきました。

最終審判――試験観察から保護観察へのスムースなバトンタッチ

6月。少年審判の出席者に父親が加わりました。裁判官は太郎に、最近の学校と家庭生活を丁寧に尋ねました。太郎からは、次のような答えがありました。午前中2時間の特別クラスの授業を受けてから下校。父親の店で昼食を摂ったあと、店の清掃や食器洗いが主な仕事。夕方6時に帰宅するのが日課。特別クラスは漢字や簡単な計算など基礎的な授業が中心。4人の中で学力の高い太郎は英語なども受けています。すぐに騒がしくなりますが、離席が許されているのでイライラ感は少なくなったということでした。

父親の店は日本料理店。父親のほかに28歳と22歳の男性と50歳の女性が働いています。太郎は28歳の男性の指導を受けていて、掃除も厳しく指導されています。父親は中学卒業までは自分の店を手伝わせて、太郎が料理人を目指したいのであれば、その時点で考えたいと述べました。母親は最近の太郎は夜間外出もなく、夕食を一緒に食べるようになったと喜んでいました。その後、校長、担任、付添人、調査官からの報告と太郎への激励や注意点が述べられました。こうした事情を踏まえて、裁判官は保護観察決定を言い渡しました。太

郎は父親と母親の間に挟まれて緊張していましたが、次第に慣れてきたのか笑顔も見られました。

　審判終了後、太郎、母親は保護観察所へ向かいました。調査官、付添人、担任が同行し、試験観察の経緯を保護観察官に詳しく伝えました。数日後、保護司から連絡があり、太郎と母親は保護司宅に出かけました。男性の保護司は雑談ばかりしていました。「食べ物は何が好きか」「好きなゲームは」「テレビは何を見るの」。どうでもいい話でしたが、太郎は気軽に話ができました。保護司からは月に1回は保護司宅、もう1回は学校で面接をすると言われました。

免許取得は社会のルールを守る第一歩

　9月。6回目のケース会。出席者は太郎、母親、校長、教頭、学年主任、担任、SC、保護司。太郎は病院でADHDの診断を受け、3日前から「コンサータ」を服薬しています。今日も飲んでからの登校でした。担任は太郎がいつになく静かなので心配していたとのこと。太郎は食欲がなくなるものの我慢して飲んでいるといいます。保護司からは太郎が原付バイクに興味を示していることが報告されました。このままでは無免許運転の心配があるので、免許を取らせるための具体的な指導を開始することになりました。

その後

　ケース会は毎月1回のペースで中学校卒業まで続きました。太郎は「コンサータ」服用後は校内での問題行動が少なくなり、2時間授業以外にも体育や美術にも出席するようになりました。父親の店でも多くのことを学びました。父親や先輩の仕事に対する真剣さは、太郎を驚かせました。先輩は太郎を厳しく指導しました。太郎はいつか自分も父親や先輩のような料理人になりたいと考えるようになっていました。父親は太郎のやる気と適性に手ごたえを感じて、卒業後は県外の日本料理店へ住み込み就職させたいと考えていました。自分の店では甘やかすので「他人の飯を食う」体験が必要と考えたのです。母親は県外就職に難色を示しましたが、父親が母親を説得しました。太郎は原付免許試験を1回で合格し、元気に働いています。

最後に

　この事例は架空ですが、実際のケースの中でいつも生じている問題点を抽出して作成したものです。
　キーワードは、実務上、いつも立ちはだかる壁のような課題として挙げています。実際はこのキーワードで先へ進めなくなったり、ケースの見立てを誤ったりすることが多いのです。ここをどのようにしてクリアするかは現場の課題です。筆者は教育委員会の専門家相談委員やSCの立場で、少年と保護者参加のケース会を実践しています。ケース会では常に「次の一手」を模索し、実践し、次回に検証することをモットーとしています。ケース会が少年の監視役ではなく、応援団であることが少年や保護者に伝わればケースは動きます。さらに、ケース会を重ねるうちに、各機関の役割が明確になり、信頼と連携が深まることも付加したいと思います。

付添人と教育機関との連携事例と課題

安西敦（弁護士）

付添人の環境調整における教育機関との連携

　学校に通う年代の少年の付添人になったときは、非行時に所属していた学校に復帰できるようにしたり、もしくは別の学校などに通えるようにする必要がある場面に多く出会います。この年代の少年にとっては、学校が少年の居場所として機能するかどうかが、少年の立ち直りを支援するにあたって重要な意味を持つと思いますが、それを実現するためには、付添人の環境調整において、少年を実際に受け入れる学校や、教育委員会といった教育機関と適切に連携を図る必要があります。

　小学校や中学校の生徒の場合は、どのような非行があったとしても、公立学校が少年を受け入れないという選択肢はありませんから、最終的に学校にどういう形で戻るかをテーマとして調整を図ることになります。学校が少年を受け入れる体制が整っていなければ施設内処遇の可能性が高まることになるでしょうが、学校と適切な連携ができれば社会内処遇を選択できる場合が多くなると思われます[1]。ケース1とケース2はこの観点から、学校と良好な関係のもとで連携を図ることができた事例について検討します。一方、高校や大学の場合は、非行に対する処分として退学がありうるため、受け入れ体制の検討の前にそもそも学校に復帰できるかどうかが問題になることが多くあります。ケース3はこの観点から、学校と緊張関係を持つことになりつつも退学処分を防いだ上で、学校への復帰について調整を図った事例について検討します。

ケース1：
中学校における触法事件について、学校と連携して学校への復帰を模索したケース

事案と付添人選任までの経過

　さやかさんは、中学1年生の女子で、事件当時は13歳でした。中学校に入学し、最初の夏休み中の2013年8月に、無免許で原付を運転し、後部座席に友人を乗せて二人乗りしているところを検挙されました。2学期が始まってから、10月末には、共犯少年らとともに駅の付近で通りがかった中学生を脅迫し、約3,000円を脅し取ってしまいました。また、年が明けた1月には、共犯少年らとともに、スーパーで菓子等約1,000円相当の万引きをしてしまいました。こうした行為を繰り返している状態で、時々警察に呼び出されて事情を訊かれていたのですが、春休みに入って3月末になって、家庭裁判所に触法事件として送致されました。

　調査命令が出された後、さやかさんは、中学2年生になってしばらくたった4月17日に家裁に呼び出しを受けて出頭したところ、そのまま観護措置決定がなされて鑑別所に行くことになりました。そこで当番付添人[2]の出動要請がなされ、私が面会に行くことになりました。彼女は、見かけは大人っぽいのですが、話してみると年齢相応の子どもの雰囲気でした。鑑別所にきたことについて、「まさかこんなことになると思っていなかった」と言い、鑑別所に収容されてはじめて自分が起こした事件の重大さに気づいた様子でした。鑑別所にいるのは不安で、早く家に帰りたいというので、それならば家に帰れるように一緒にがんばろうという話をして付添人になることにし、日本弁護士連合会の少年保護事件付添人援助制度を利用して受任しました[3]。

少年の要保護性に関する状況

　何度か面会を繰り返す中でわかった家庭の事情は次のようなものでした。
　さやかさんは、母親と、小学校6年生の妹の3人で暮らしていました。両親は、さやかさんが8歳の時に離婚しており、父親は離婚の際に家を出て行き、それ以来、父親とは会っていませんでした。
　さやかさんは、小学校高学年ころから、母親の言うことに従わなくなり、家で母親とよくぶつかるようになりました。同じ頃から万引きをしたり、暴行事

件を起こすようになりました。少し大人びて見えるさやかさんは、近隣の地域で非行傾向の進んだ年上の少年たちとの交友関係を広めていきました。中学に入ってからは、夜ごとに年上の少年たちと連絡を取り合い、自動車やバイクで迎えに来てもらって遊びに行くということが続いていました。その中で本件の一連の事件が起こったのです。

さやかさんは、他の年上の少年たちと一緒に、学校付近の店舗で万引きをしたり、その付近にいた生徒に恐喝をしたりしていました。学校では、授業に出ないで校内をたむろし、授業を妨害したり、喫煙したりしていました。さやかさんは、学校の先生の指導に反抗を繰り返しており、先生たちは対応に苦慮していたのです。

学校との協議

私は、さやかさんの非行傾向が在宅での処遇ができないほどに進んでいるとは考えていませんでしたし、家庭や学校の協力が得られるのであれば在宅での処遇を検討すべきだと考えていました。そのためには、学校に復帰できるように学校からの支援を受けることが不可欠です。さやかさんから話を聞く限りでは、学校関係者にはかなり迷惑をかけていそうだったので、学校はさやかさんの復帰に難色を示すかもしれないと思っていました。というのも、過去に、中学生の非行のケースでは、学校側が少年の学校生活での問題点を詳細に家裁に報告し、とにかく学校に戻してもらっては困るから施設送致にしてほしいと家裁に働きかけるケースを何件も経験してきたからです。付添人としては、今回も学校の対応がそうなるのではないかと心配していたのです。

ところが、受任後数日してから、中学校の生徒指導主事の犬山先生から付添人の事務所に連絡がありました。さやかさんの今後のことについて相談したいので事務所に行きたいというのです。付添人としては願ってもない話だったので、すぐに日程を調整し、犬山先生と会うことにしました。

犬山先生が説明してくれた、学校でのさやかさんの状況からは、学校がかなり対応に苦慮していることがうかがえました。しかし、犬山先生がわざわざ私に連絡を取って事務所まで来てくれたことからわかるように、学校としてはさやかさんを見放すつもりはなかったのです。学校だけの対応では限界だと考えているので、関係機関の援助を得たいとの意向でした。それを聞いて私も心強く思いました。もちろん、相談を受けたからと言ってすぐに対応策が思いついたわけでもなかったのですが、犬山先生と話し合う中で、学校と母親との関係

が悪化している様子がうかがえたので、まずは私がさやかさんの付添人として学校と母親との間に入って、両者の調整を試みてみることについて提案しました。犬山先生も、付添人には母親との関係調整に是非協力してほしいとのことでした。

　犬山先生との打ち合わせを受けて、さやかさんと面会をしました。犬山先生が事務所まで私に会いに来たこと、さやかさんを学校に戻すために先生たちが尽力してくれていることを伝えたところ、さやかさんは非常に喜び、学校に戻りたい、授業に出てきちんと生活したいと話すようになりました。そこで私は、さやかさんと学校との関係調整のきっかけを見つけたいと考え、学校の中で信頼できる先生がいないかとさやかさんに質問したところ、犬山先生と、担任の蟹江先生の名前が挙がりました。その２人は、他の先生たちと違って、さやかさんが学校で荒れていてもずっと声をかけ続け、さやかさんのことを気にしてくれていた先生だから信頼しているとのことでした。

　その後、私は、犬山先生と日程調整をし、学校でケース会議を開くことにしました。ケース会議には校長、教頭、犬山先生、蟹江先生が参加してくれました。その中で、私から、さやかさんが犬山先生と蟹江先生を信頼していると言っていたことを伝えると、犬山先生も蟹江先生も驚いていました。学校でのさやかさんの先生たちへの対応は、いつも非常に反抗的で、「近づいてくんな！　うっとうしいんじゃ！」などと罵声を浴びせてばかりだったのです。それでも犬山先生も蟹江先生もめげずに少年に声をかけ続けていたのですが、なかなか心を開かず攻撃的な姿勢を見せ続けるさやかさんへの対応をどうすればいいかわからず、消耗していたのです。しかし、さやかさんは、そうやって罵声を浴びせたら自分に関わらなくなった他の先生たちに対しては、見捨てられたとの思いを持っていました。さやかさんは、素直な感情表現ができずに反抗的な態度ばかりを見せていましたが、本当はかまってほしかったのです。このケース会議で、犬山先生と蟹江先生のこれまでの対応が間違っていなかったこと、むしろ先生たちがさやかさんを学校につなぎ止めていてくれたことを一緒に確認することができました。このことが、先生たちにとっても、さやかさんに関わり続けようという意欲を強くしてもらうきっかけになったかもしれません。

母親と学校との関係の調整

　その後私は、さやかさんの家に行き、母親とさやかさんの今後のことについて話し合いました。

母親は、さやかさんに対してはかなり放任傾向のようでした。さやかさんが年上の少年たちに誘われて夜ごとに出歩いていても、一応声をかけることはあるものの、悪いことをしていないのであれば別にかまわないし、悪いことをしたらそれはさやかさんのせいなのだというようなことをいい、少し突き放したような態度が見受けられました。さやかさんに対してもそういう接し方をしていたようです。ただ、児童自立支援施設送致や少年院送致になることには抵抗を示し、できればさやかさんには家に帰ってきてほしいとのことでした。付添人に対しては、さやかさんを家に帰らせるためにがんばってほしいとの希望を話してくれました。
　学校に対しては、かなり否定的な見方をしていました。さやかさんが学校で問題を起こすのは、さやかさんに対する先生の対応の仕方に問題があると思っていたようで、さやかさんが学校内で事件を起こして母親が呼び出されたときには、学校の対応の問題点をあげて先生たちに突っかかっていました。そのため、先生たちは、母親との間ではさやかさんのことについて相談が全くできず、母親とコミュニケーションが切れてしまっている状態だったのです。そこで、私が学校との間のやりとりの事実関係を聞き取ったところ、母親は、先生たちが言ったことをかなり被害的にゆがめて受け取る傾向があることがわかりました。そこで、あの先生がこういう台詞を言ったのはさやかさんのこういう所を心配してこういう意味で言ってるのだからさやかさんのことを考えているんですよ、というように、先生たちの真意を翻訳し、学校が少年のために動こうとしていることを伝える役割を担うことにしました。こういう場面では、付添人は、子どもを鑑別所から取り戻してきてくれる味方の人と思われやすいので、保護者とは信頼関係を作りやすいのです。その上で、さやかさんが学校に戻るためには、学校と母親が協力関係を築き、さやかさんのことについて話し合いができるようになることが不可欠で、先生たちと母親のコミュニケーションがとれない状態ではさやかさんにとってマイナスになるからなんとかしようと話して、納得してもらいました。その後も、先生たちから母親に協力を求めることがある際は、先生たちからまず私に連絡をもらい、その内容を私がかみ砕いて母親に伝える、といったことを続けていきました。

再度の学校との調整

　私は、付添人として、母親とある程度の信頼関係が築けてきたと思いましたし、母親が学校と協力することの必要性についてもある程度理解してもらえた

と判断したので、それを犬山先生に伝え、学校で、母親も加えてケース会議を行うことにしました。

　ケース会議では、審判後に試験観察でさやかさんが戻ってきた場合に、さやかさんをどうやって教室に戻し、授業に出られるようにするのかについて話し合いました。これまでほとんど授業に出ていなかったさやかさんが、いきなり6時間すべての授業に出ることを目標とすることは難しいと思われたのですが、学校としては、これまでのように、さやかさんが教室から出て他の生徒とつるんで校内を徘徊し、授業を妨害したりする状態になることは避けたいとの意向でした。そこでみんなで話し合った結果、さやかさんは、学校に来たら授業に出ることにし、教室にいることが難しくなったら1時間だけ保健室に行くことを認め、保健室にいる間は手の空いている教員が対応し、1時間たっても教室に戻ることができなければその日は家に帰るということにして、母親に連絡して自動車で学校に迎えに来てもらうということにしました。翌日、私はさやかさんに面会してこの内容を説明しました。さやかさんの了解も得られたので、試験観察になった場合はこのルールで過ごすことが決まりました。

審判

　ここまでの準備ができたところで審判が開かれました。裁判官は、さやかさんに対して、起こしてしまった事件については厳しく指導をした上で、学校に戻って授業に出たいというさやかさんの意思を丁寧に聞き取ってくれました。そして、学校に戻った場合のルールを審判廷で確認しました。さやかさんはルールを守ることについて約束しました。審判に出席してくれていた犬山先生と蟹江先生からは、学校のみんなでさやかさんをフォローしていくことの決意が述べられました。母親も、学校に協力してさやかさんを指導していくことを約束しました。こうして枠組みを決めた上で試験観察が始まったのです。

試験観察中の経過

　試験観察が始まり、さやかさんは家に帰って、学校に通い始めました。さやかさんの当初の決意は固かったのですが、やはり6時間の授業すべてに出席することは困難だったようです。初日から、給食の後は授業に出ずに母親が迎えに来るというスタートになりました。その後も、午後から出てきて1〜2時間出席して帰るというような状態が続きました。保健室にいる際は、その時間に授業の入っていない先生がさやかさんの相手をしてくれていました。順風満帆

な出だしとはいかなかったのですが、さやかさんは、授業の一部は楽しかったと言っており、審判で決められた学校でのルールは守っていて、校内を徘徊することはしていませんでしたから、付添人としては、いずれ学校生活は落ち着いていくのではないかという期待を持っていたのです。

　しかし、家庭では不安定な状態が改善しませんでした。さやかさんも母親も、慣れない学校での枠組みにストレスを抱えたのかもしれませんが、審判前のように母子でぶつかることが多くなりました。母親はさやかさんに、しばしばさやかさんを突き放すような台詞をぶつけていました。さやかさんは家にいたくなくなり、夜は年上の少年たちと連絡を取って外に出ることが増えていきました。それで朝が起きられなくなり、徐々に学校に行けなくなりはじめました。

　犬山先生たちは、ときどき家庭訪問をしてさやかさんと話をしてくれました。私も同じく家庭訪問をし、さやかさんと話したり、さやかさんが飛び出していった後に母親と話したりといったことを続けました。そのうち、さやかさんは、審判での約束を守っておらず、学校に行かずに夜遊びをしていることから、裁判所に行ったら鑑別所に入れられてしまうと思い込み、家庭裁判所調査官（以下調査官）の面接に行きたがらなくなりました。私は、調査官面接の時間の前にさやかさんを家まで迎えに行ったりもしましたが、裁判所に行くことをいやがって部屋から出てこないのです。私とはある程度は話ができたのですが、調査官の面接には連れて行けなくなってしまいました。

　私は、調査官と相談し、私がさやかさんと面接をし、そのことをさやかさんの了解を得て調査官に伝える形でなんとかしばらくは試験観察を継続してみることにしました。しかし、さやかさんが私に話してくれることの中には、調査官に伝えることがはばかられるような内容も含まれるようになり、難しい状況が続きました。そうして約1カ月がたったころ、さやかさんは、年上の少年と一緒に万引きをしたとのことで検挙されてしまい、それが裁判所にも伝わり、試験観察が打ち切られることになったのです。

再度の審判

　さやかさんは鑑別所に行くことになり、しばらくして審判を迎えました。さやかさんは、次こそは学校に行ってがんばるから家に帰してほしいと訴えたのですが、結果としては、児童自立支援施設送致となりました。犬山先生はこの審判にも出席していたのですが、ここでも、たとえ施設に行っても面会に行くし、いつでも学校に戻ってこられるように準備をしておくということをさやか

さんの前で話してくれました。

児童自立支援施設で

　さやかさんは、児童自立支援施設に行ってからは少し吹っ切れたようで、面会に行ったときには元気な姿を見せてくれました。私はその後も、児童自立支援施設の対抗のスポーツ大会が開かれれば犬山先生と一緒に応援に行きました。運動会でも、犬山先生と一緒に、さやかさんと綱引きをしたりしました。犬山先生が面会に行き続けたことは、学校のみんなはさやかさんを待っているというメッセージとして彼女に伝わったと思います。彼女なりに、勉強にもスポーツにも施設での生活にもがんばっているようでした。

卒業式

　児童自立支援施設での生活も落ち着き、さやかさんが家に帰る時期が近づいてきました。中学校では、犬山先生の計らいで、さやかさんをサポートするチームが編成され、先生たち、スクールカウンセラー、地域で就労支援をしてくれる人たち、元付添人の私などが学校に集まり、彼女が戻ってきたらどう支援するかの話し合いを何度か開きつつ、彼女の帰りを待ちました。結局、彼女が戻ってくるのは卒業の時期になってしまい、最後の３学期が終わるまでには間に合わなかったのですが、卒業式だけでも元の中学校でやろうということになり、さやかさんが児童自立支援施設を出る日に、中学校でさやかさんだけの卒業式を開くことになりました。その卒業式では、久しぶりに中学校の制服を着たさやかさんが、満面の笑みで卒業証書を受け取る姿を見ることができました。

本ケースを振り返って

　このケースでは、試験観察から順調に学校への復帰が実現、というようにはいかなかったのですが、彼女が家庭での葛藤を乗り越えるためには、児童自立支援施設で成長する時間が必要だったのかもしれません。試験観察の間も、児童自立支援施設に行ってからも、学校がさやかさんを支援する姿勢を見せ続けたことは、彼女にとって、児童自立支援施設での生活を前向きに続けていく力になったと思います。犬山先生を中心として、学校が家裁や付添人、地域の人たちなどと連携していきましたが、そうした関係を構築できた要因は、犬山先生がフットワーク軽くいろいろな場所に出向き、学校では手の回らないところ

に協力を求め続けたことではないでしょうか。その後、犬山先生は、他の生徒の非行のケースでも付添人と密に連絡を取り合って連携を図っているそうです。

ケース2：
小学校における触法事件において、中学校の入学先変更等を調整したケース

事案と付添人選任までの経過

　太一君は、12歳の男子で、小学校6年生です。彼は、2012年12月20日、昼休みである午後0時30分ころ、通っていた教室で、クラスメイトの良太君と言い合いのけんかになりました。その直後、太一君は自分の席のところに戻っていったのですが、自分の席の椅子を両手で持ち上げ、被害をうけた良太君の席に向かいました。そして、いきなり椅子を振り上げて良太君を殴ったのです。椅子は良太君の後頭部にあたり、良太君は頭蓋骨を骨折する重傷を負いました。

　太一君の事件は児童相談所に通告され、その日のうちに一時保護されました。その後、12月30日に家裁送致され、それからまもなく、私が家裁からの援助依頼[4]で当番付添人として出動することになったのです。

少年の要保護性に関する事情

　私が太一君とはじめて面会したのは、一時保護所の面会室です。立会いの職員はいませんでした。太一君と面接した時の第一印象は、まだ幼い子どもで、普段、少年事件で接している少年たちと比べると体が一回り小さく見えました。事件について尋ねてみると、淡々と事実関係を説明してくれるのですが、自分の行為の重大性はよく認識していないように見えました。

　関係者とも会って話を聞いたのですが、学校関係者からも、家族からも、太一君について、とてもこのような事件を起こすような人物像は出てきませんでした。学校では、粗暴な行動をすることはなく、仲のよい友人たちもいて、成績も非常によくまじめな生徒でした。

　太一君の家庭は、会社員の父と、専業主婦の母と、太一君の3人家族で、比較的裕福な家庭のようでした。家庭訪問した際には、部屋の中はきれいに片付けられていました。両親は、太一君のことを真摯に心配しており、話を聞いて

も太一君へのこれまでの対応に問題があったようにも思えませんでしたし、被害者への対応も誠実に行っていました。両親は、太一君がこのような事件を起こした理由に思い当たることがなく戸惑っていました。また、太一君が自分のしたことをわかっていないような言動をすることに、いらだちも見せていました。

　私は、なぜこのようなことが起こってしまったのかがよくわかりませんでした。被害を受けた良太君は、事件の直前に、太一君を揶揄するようなことを言ったらしいことはわかったのですが、その内容も、いきなり椅子を振り上げて殴りつける動機になるほどのものではないと思われました。事件までに太一君がいじめ等の被害に遭って恨みを募らせていたといった可能性も疑ってみたのですが、太一君本人からも、家族や学校からもそういった情報は得られませんでした。私も、担当の調査官も、この事件の原因をつかみかねていたのです。何か精神障害があるかもしれないとも考えましたが、児童相談所においてなされた様々なテストや診断の結果からも、目立ったものは何も見つかりませんでした。

入学先の中学校の調整等について

　本件の処遇は、いきなりの攻撃で良太君が決して軽傷とは言えないけがを負っていることからすれば、児童自立支援施設送致も検討されるケースだとは思われました。しかし、付添人としては、児童自立支援施設で処遇する必然性がないと思いましたし、そこで具体的にどう処遇するかのプランもたたないままに、社会の納得のために太一君を施設に送るという結論は適当ではないとも考えていました。この状態で行うべき処遇を考えたのですが、太一君が、これまでに非行は全くなかったこと、成績が非常に良く学校に適応できていたことから、学校から切り離してしまうことは太一君の成長にとってマイナスになる可能性が高いと思われました。むしろ、通学を続け、学校生活の中で何か問題があったときにその対応を考えた方が、処遇のきっかけがつかめるのではないかとも考えました。しかし、この事件は、加害者の太一君と被害者の良太君が所属する学校の中で生じたものであり、被害者の良太君が負った傷害の大きさや良太君の恐怖心を考えれば、太一君が同じ学校に戻ることは、太一君にとっても、良太君にとっても現実的ではないと思われました。そこで、調査官や、太一君や両親とも話し合った結果、もう卒業までさほど日数は残っていませんでしたから、小学校は卒業までは通学せず、中学校の入学のタイミングで、良太

君と学区の異なる学校に越境して入学することを検討することにしたのです。

中学校の越境入学にあたり、以前から勉強会等でお世話になっていたスクールカウンセラーの馬場先生に相談することにしました。少年の引受先となる学校は、少年の問題点を理解してもらった上で受け入れが可能なところを探さなければならなかったのですが、馬場先生は、スーパーバイザーとしての立場からいくつかの中学校や教育委員会に関わっており、少年が通える範囲にある各中学校の生徒の状況や教員の指導力なども良く把握していたので、適切なアドバイスが得られると思ったのです。馬場先生には、太一君や保護者に面接してもらい、付添人とも十分に相談し、裁判所で調査官とのカンファレンスにも関わってもらいました。その結果、少年の受け入れにベストな学校を見つけて準備することができました。越境しての入学の手続等についても、教育委員会との間の調整などに尽力してもらえました。そうした調整の成果もあってか、本件では、太一君が通っていた小学校も受け入れ先の中学校も非常に協力的に対応してくれました。

太一君の入学予定の中学校との間では、太一君に関する情報はできる限り共有しておいた方がよいと考えました。事件の内容や家族の状況などについて正確な情報を伝えた上で、入学に向けて受け入れ体制を整えてもらう必要があると判断したのです。そこで、入学前に、付添人・調査官・保護者が一緒に学校を訪れ、中学校の校長、教頭をはじめとする先生たちと学校でケース会議を開き、入学後の体制について話し合いました。といっても、太一君は普段の行動に問題性のあった少年ではないので、太一君の特性についてのわかっている限りの情報の共有と、調査官や付添人と学校がよく連絡を取り合い、学校で何かあった場合は協力し合うことなどが確認されました。こうして、中学校を起点にして太一君をサポートするチームができあがったのです。

審判と試験観察決定後の経過

こうした準備ができた時点で2月末に審判が開かれました。審判では、事件のことについて太一君に反省を促して、中学校生活での注意をし、太一君の支援体制があることを確認した上で、結論としては、在宅試験観察決定となりました。

太一君は、審判後から入学式までの間は、調査官面接で生活状況を報告して指導を受けながら、自宅で小学校から提示された課題の勉強をしたりして過ごしました。付添人も調査官面接に一緒に参加していましたが、太一君は、調査

官から出された、ノートに日記をつけるといった課題もきちんとこなしていました。

中学校入学後は、太一君は学校になじみ、順調な学校生活を送っていました。勉強も部活も非常にがんばっており、勉強は学年でも上位の成績を修めていました。調査官面接でも中学校生活にがんばっていることが報告されました。むしろ、付添人は、少しがんばりすぎているのではないか、無理をしていないかということを気にしつつ関わっていました。保護者も、不安を抱えながらも、付添人、調査官、精神科医などに助言を受けながら、太一君に対して受容的な姿勢でサポートしていました。学校の先生からは、太一君の学校での様子が定期的に調査官に報告されましたが、特に問題となるような行動は見られませんでした。付添人も、定期的に太一君や保護者と連絡を取り合っていましたが、概ね順調に中学校生活を送っていると思える内容でした。

被害者への対応については、幸い、良太君のけがが早期に完治して学校に復帰できたこともあり、治療費と慰謝料等について合意できたので示談をすることができました。太一君は、良太君に対して何通か謝罪の手紙を書いて付添人に託していたのですが、その手紙は良太君の両親から良太君に渡してもらうことになりました。

その後も、月に2回の調査官面接を継続しつつ、学校生活を送っていましたが、特に大きな問題も起こらず、通常の中学生としての生活が続きました。そこで、審判から約10カ月後に最終審判が行われました。最終審判では、太一君の成長ぶりを確認し、被害者に対する反省を忘れずに生活していくように話した上で、結論は不処分となりました。

その後も太一君は中学生としての生活をがんばり続け、優秀な成績を修めて高校に進学しました。

本ケースを振り返って

本件は、学校内での事件ではありましたが、太一君は学校に適応していると思われたこと、勉強がかなりできたことから、施設への送致ではなく、学校での生活や進学の道を閉ざさないことが太一君の成長にとって重要であると考えられたケースでした。そこで、在宅試験観察の枠を利用して中学校への進学を実現しつつ、中学校・家裁・付添人がチームとなって少年と保護者を支えることを目指したのです。本件で一つのキーとなったのは、スクールカウンセラーの馬場先生による学校関係の調整のサポートがあったことでした。そのサポー

トを得たことで、中学校入学までの様々な問題について、中学校や教育委員会との間で調整してもらったり、保護者の相談に対応してもらうことができました。結果として、太一君の受け入れ先として適切な学校を選択でき、その学校との間で入学前から十分な準備を行うことができたことが、本件のケースの経過に与えた影響は大きいと思われます。

受け入れ先の学校に、入学前から調査官・付添人・保護者が赴き、入学後の体制について調整を図ることができたことも成功要因でしょう。学校にとっては、重大な事案の生徒を引き受けることはかなり不安があったでしょうが、家裁が全面的にサポートするという姿勢を早期に示すことができたことが、学校との協力関係を築くことに有効でした。

また、本件は、行為態様と結果がある程度重大な傷害の事案であり、事件の原因がよくわからない事件でもありました。その原因解明のみに関係者の労力が割かれ、解明できないことで不安が高まるという流れになれば、少年に在宅での処遇を選択することはできなかったでしょう。この点については、いわばある程度は社会的な影響を捨象して、処遇論を重視して試験観察決定に踏み切った裁判所の英断があったと言わなければなりません[5]。

こうした様々な事情が相まって、試験観察を無事に終了し、その後も少年の成長を見ることができるという結果にたどり着くことができたのだと思います。

ケース3：
高校において退学処分を防止し、学校への復帰を計ったケース

事案と弁護人選任までの経過

浩二君は、高校1年生の男子で、事件当時は16歳でした。彼は、通っていた高校で、同じクラスの慎吾君からいじめをうけていました。殴る蹴ると言った激しい暴行を受けてけがをすることもありました。そのことについて夏休み前に担任の先生に相談をしていたのですが、夏休みに入ってしまい、話が進展しないままになっていました。夏休みが明けた9月から、浩二君は、また慎吾君から暴行を受けるようになりました。そして、浩二君は、自分の身は自分で守るしかないと思い、自宅にあったハンマーを鞄の中に入れて学校に持ち込んでいました。いざとなったらこれを使うしかないと思っていたのです。事件の

あった9月15日、浩二君は、慎吾君に教室の隅に引っ張っていかれました。また暴行を振るわれると思い、先に慎吾君をやっつけてやろうとして、慎吾君の後ろからハンマーで殴りつけました。その結果、慎吾君は後頭部に全治2週間の裂傷を負うけがをしました。

その場は、他の生徒が先生を呼びに行ったことで収まり、浩二君は一旦家に帰されました。翌日、浩二君は傷害で逮捕されました。被疑者国選弁護人が選任されることになり、私が弁護人として警察署に面会に行きました。

私は、ハンマーで後頭部を殴りつけたという被疑事実を見て、粗暴なイメージの少年と会うことになるのかな、などと想像していたのですが、接見室で会った浩二君は、どちらかと言えば線の細い、おとなしそうな少年でした。浩二君は、事件のことが十分に整理できておらず、今後どうしたらいいかがわからない様子でした。私は、彼の話を聞きながら、正当防衛が成立する状況ではなく、傷害罪が成立することはやむを得ないとは判断しましたが、浩二君には、彼が慎吾君からいじめの被害を受けていたこと、身を守るためにやむなくやった事件であることを取調べできちんと説明しようという話をしました。まずは、そのストーリーをゆがめずに家裁に伝えることが必要だと考えていました。

少年の要保護性に関する状況

浩二君は、会社員の父親と、雑貨店を自営する母親との3人暮らしでした。これまで非行はありませんでした。学校での成績は中くらいで、欠席することもなく学校に通っていました。友人は多くはありませんが、同じラジコンの趣味を持つ友人たちとときどき会って遊んだりしており、非行傾向は見られませんでした。浩二君は、できるものなら高校に戻り、高校を卒業したいと考えていました。両親は、浩二君のことを非常に心配していました。父親は仕事が忙しく、近年は一緒に過ごす時間がとれないこともあってか、浩二君は父親には反抗的で、あまりコミュニケーションがとれなくなっていました。母親は、浩二君に少し過保護な様子も見られましたが、会話が多く、浩二君も母親とはうまくやっていると思っていたようでした。

家庭の状況からも、学校での状況からも、浩二君は、慎吾君からのいじめで追い詰められていなければこのような事件を起こすことはなかったでしょうし、非行傾向は全く進んでいない少年だと思われました。そこで私は、浩二君の希望どおり、学校に戻ることができる道を探すことを目標にすることにしました。

初期の学校の対応

　浩二君の勾留中に、学校と連絡を取り、浩二君の今後のことについて相談するために学校に行くことにしました。そこでは、校長、教頭、生徒指導主事の先生たちが対応してくれました。私からは、先生たちに対して、ハンマーで殴るという態様から悪質な事件だと思っているかもしれないが、慎吾君のいじめから身を守ろうとして起こった事件なのだから、学校への復帰について学校も協力してくれないかと持ちかけました。観護措置が執られると学校を長期間欠席しなければならなくなるので、そうならないように学校で再度受け入れるという姿勢を示してくれないかという話もしました。しかし学校側の態度はつれなく、処分については家裁の判断を待って考えるものの、自主退学した方が彼のためではないかなどと言ってくるような状態でした。この場でこれ以上やりとりしても成果はないと考え、その場は帰ることにしました。

家裁送致後の学校との交渉

　家裁送致後、浩二君に観護措置が執られることになりました。浩二君が家裁送致されてから数日後、慎吾君も家裁送致されてきました。慎吾君は、浩二君への暴行を繰り返していたことが発覚したことから、傷害罪として立件されたのです。浩二君も、慎吾君も、学校に戻ることを希望していました。そこで私は、慎吾君の付添人とも相談し、再度学校に働きかけることにしました。

　次に学校に行ったときも、学校側は、２人とも学校に戻すつもりはないことを明らかにしていました。そこで、私と慎吾君の付添人は、やむなく、学校と対決姿勢をとることにしたのです。

　本件は、慎吾君から浩二君に対してなされた、ある程度強度の暴行を伴ういじめがきっかけになっていました。そして、そのことについて浩二君は担任の先生に相談しており、身の危険があることも伝えていました。誰かが守ってくれないのなら、自分が凶器を持つべきなのかということについても話をしており、それは担任の先生に止められていました。本来なら、この段階で学校は迅速に対応すべきだったのです。浩二君から詳細な事情を訊きだし、担任の先生の腹に収めたりせず、学校として対策チームを作って、慎吾君やクラスで目撃していた生徒から事情を訊くなどして事実関係の調査を行い、再発防止の対策を立て、浩二君の安全を確保すべきでした。そうした学校の対応がなされて、学校が自分を守ってくれるという信頼感をもつことができたならば、浩二君がハンマーを鞄に忍ばせる必要などなかったでしょうし、そのハンマーで慎吾君

が重傷を負うこともなかったでしょう。学校がいじめを放置して対応を怠ったことを棚に上げて、本件の責任を2人の生徒に押しつけ、退学処分で幕を引くつもりなら、こちらは民事訴訟も辞さないと迫ったのです。

　そのカードを切った上で、浩二君と慎吾君の復帰について検討してもらうよう迫ったところ、やっと学校側も折れ、2人の受け入れ体制についての話に応じてくれるようになりました。付添人に強く迫られたからだけではなく、背景のいじめについての学校の理解が深まったから態度が変わったのかもしれません（できればそうであってほしいと思います）。その結果、もし試験観察決定になるのであれば、一旦は停学処分とするが、その期間中に反省が見られれば適切な時期に停学を解除し、学校への復帰を考えるということになりました。

審判での試験観察決定とその後の経過

　学校に戻れるというある程度のめどが立った段階で、審判を迎えました。浩二君は、本件について、本当は大人にちゃんと相談したかったけれど対応してもらえなかったことを述べた上で、しかし、いじめがあったとしても、自分が凶器を用意して相手を怪我をさせる必要はなかったし、慎吾君に怪我をさせたことについては反省していることを話しました。また、学校に戻れるのであれば、がんばって高校生活を送りたいという話もしました。それを受けて、審判では試験観察決定がなされました。

　浩二君は家に帰り、しばらくは、停学処分中ということで自宅で謹慎し、学校から出された課題をこなして過ごしました。そして、試験観察決定から1カ月後、停学が解けることになりました。

浩二君と慎吾君との和解

　慎吾君も試験観察決定となり、同じ時期に学校に戻ることになったのですが、その前に傷害事件の加害者と被害者となってしまった2人の関係を整理しておかなければなりません。そこで、それぞれの付添人と調査官とで相談した結果、裁判所で2人が対面し、お互いに謝罪する場を設けることになりました。その日には、浩二君と慎吾君、それぞれの両親と付添人、調査官が裁判所の面接室で会い、お互いに謝罪しました。双方とも、複雑な思いはあったかもしれませんが、お互いに過去のことは問わないことにするという合意がなされ、学校でもお互いにトラブルを起こさないことが約束されました。

学校への復帰と最終審判

　浩二君と慎吾君の和解を経て、2人は学校に戻ることになりました。欠席日数がかなり増えていたので、進級は困難な状況になってしまっていましたが、まだ留年が確定しているわけではなかったので、浩二君は進級を目指して学校に毎日通っていました。その中で特に問題を起こすこともなく、試験観察期間を経過することができました。

　最終の審判では、試験観察中は、停学中も学校に行き始めてからも勉強を続けていたこと、慎吾君と和解ができたことなどを評価し、今後も高校生活をがんばるように元気づけた上で、不処分決定となりました。

本件を振り返って

　本件では、浩二君の学校への復帰を拒む学校をどう説得し、復帰を認めさせるかが問題となりました。付添人と学校との間でやや対立的な構造ができていたことからしても、連携が成功した事例とは言いがたいところですが、もともと浩二君には力があったので、彼を妨害する事情が排除されたことで、自分だけでもうまくやっていけたのだと思います。

　本件のように、高校での非行のケースでは退学がすぐに問題になってしまいます。むしろ今回は、高校に対して浩二君の復帰を説得できるだけの材料がそろったまれなケースだと言えるでしょう。本件のように、学校への復帰が実現すればうまくいくケースは多くあるのでしょうが、現実には、それが果たされずに退学せざるを得なくなることが多いと思われます。学校との連携以前に、まずは退学のハードルをどう乗り越えるかが、高校でのケースの最初の問題になるのでしょう。

各ケースを経ての考察

ケース1：学校への復帰を目指したさやかさんのケース

　さやかさんのケースは、結果的に試験観察による学校への復帰の調整はうまくいかなかったのですが、学校がさやかさんの復帰に意欲的で、付添人や家裁との協力関係を密にすることができたという点では、可能性が十分にあったケースだとは思われます。中学校の非行である程度困難なケースでは、本件のように、試験観察の枠を使いながら学校へ戻り、調査官面接を軸にして、付添人をはじめとする関係機関が少年に関わりながら学校での生活を支援していくと

いう形がとられることが多いのではないでしょうか。

　学校の先生たちは非行が家裁でどう扱われ、家裁の手続の中で何ができるのかについてよく知りません。家裁や付添人は、少年が学校現場でどう振る舞っているのかを見ていませんし、学校の現場で、授業の中やその他の場面で少年にどういう対応ができるのかを知りません。そこで、学校の先生、付添人、調査官らが集まり、できれば保護者も巻き込んで、少年にどう関わることができるのかについてケース会議の中で知恵を出し合うことが処遇のヒントを生むことになるのではないでしょうか。

　本件は生徒指導の犬山先生が連携に積極的だったのですが、多くのケースではそれは臨めないでしょうから、付添人もしくは調査官がコーディネーターとなって、必要なメンバーを集めてケース会議を開く必要があるでしょう。なお、私の経験したケースの中では、スクールカウンセラーやスクールソーシャルワーカーとは十分な関わりがありませんでしたが、今後は、そこにコーディネーターを委ねることができる場合があるかもしれません。

　また、ケース会議の場所は、家裁ではなく、学校で開くべきです。裁判所における調査ではなく、学校現場で少年の教室を見たり多くの生徒や先生が出入りする様子を見たりしながら、実際に少年が暮らす現場で関係者と話し合うことでより実践的なアイデアが浮かんでくると思いますし、学校まで足を運んでくれた人だからこそ学校の先生方の信頼を得ることができるという面もあるでしょう。こうしたケース会議を密に開いて連絡を取り合うことが、学校との連携での前提条件となると考えられます。

　また、中学校のケースでは、児童自立支援施設や少年院への送致になったケースでも、学校と連携を図っていくことが必要です。この年代の少年は、施設での生活を終えても、まだ自立できる年齢ではありません。学校や家庭に戻ってきます。その準備のためには、学校がどう受け入れ体制を整えるかの問題がありますし、施設での生活の間、学校の先生たちが自分を待ってくれていると少年が思えることが、処遇の動機付けとなり、前向きに生活していくための力となります。そのためにも、学校の先生方には、施設送致で事件が終わったと思わず、面会に行ったり保護者と連絡を取り合ったりしてもらわなければなりません。それを支援するためにも付添人が可能な範囲で関わり続けることが望ましいでしょう。

ケース 2：学校を変わった太一くんのケース

　太一君のケースでは、学校を変わることが一つのテーマになりました。本件は少し特殊なケースでしたが、転校等で学校を変わる場合でも、元の所属校の先生たちとの連携だけでは問題を解決できません。行き先の学校とも関わらなければなりませんし、教育委員会に関与してもらう必要も出てくることがあるでしょう。家裁や付添人はそのための十分なノウハウを持っていません。その点で、本件では、その地域で力を持つスクールカウンセラーの馬場先生が関わってくれたことは幸運な事情でした。こうしたケースにおいて、教育機関の間の連絡や調整を図ってくれる存在がいれば連携をスムーズにすることができます。そのケースが生じた地域において、こうした役割を果たしてくれるのはどの機関の誰なのかを探し出すことは容易ではないかもしれませんが、そうした情報を共有しておくことが付添人や家裁の側においても必要とされているのではないでしょうか。

ケース 3：退学を防いだ浩二君のケース

　浩二君のケースでは、退学を防ぐことが一番のテーマになりました。高校生の場合、特に私立高校では、事件を起こしたことが学校に知られるだけで退学処分となることが少なくありません。付添人としても、連携以前に、まず学校に非行事実を知られないために対応を迫られることがしばしばあります[6]。退学を防ぐことは容易ではありませんが、手持ちの条件を駆使して、何らかの創意工夫をしながら学校と交渉するしかないのでしょう。退学を防いではじめて、学校への復帰のための連携を図ることができるようになります。この点、通信制高校やサポート校は、非行がある生徒でも比較的寛容に受け入れてくれるところが多いので、連携を図りやすいと言えるでしょう。また、高校の場合は、学校に復帰してからも、少年にも自ら学校をやめるという選択肢がありますから、うまく連携ができなければ通学が続かなくなるリスクもある点でより難しい問題を抱えていると言えます。付添人においても、成功事例が少ないことから連携についてのノウハウの蓄積が進んでいないと思われますが、今後、高校における連携事例を積み重ねて共有していくことが必要なのではないでしょうか。

1　安西敦「弁護士付添人から見た試験観察の意義と課題」岡田行雄ほか編著『再非行少年を見捨てるな——試験観察からの再生を目指して』（現代人文社、2011年）90頁

参照。

2　少年が観護措置を執られた場合、少年の希望により弁護士と無料で1回面会できる制度。通常は面会を経てその弁護士が付添人として受任することになります。

3　家庭裁判所に送致された少年に、国選付添人が選任されず、私選の付添人を依頼する資力もない場合に、弁護士費用を日本弁護士連合会が法テラスを通じて担当弁護士に支払う制度。通常、少年には資力がないため、多くの事件でこの制度が利用され、少年や保護者に経済的負担がない形で付添人が選任されています。

4　家庭裁判所に係属した事件で、国選付添人非対象事件であって、私選付添人も選任されていませんが、事件が重大であったり、保護者がいないなど、付添人がつくことが必要なケースについては、家庭裁判所から弁護士会に対して付添人選任を依頼する連絡がなされ、弁護士会は担当付添人を見つけて少年保護事件付添人援助制度（注3参照）を利用して付添人として受任するという流れになります。地域によって運用の詳細は異なりますが、おそらく全国の家庭裁判所で同様に付添人選任の依頼がなされるルートがあると思われます。

5　処分の決定にあたり、非行の原因論を追求するばかりではなく、処遇論を重視して検討することの必要性については、廣田邦義「処遇論からのアプローチ」岡田行雄ほか編著『再非行少年を見捨てるな――試験観察からの再生を目指して』（現代人文社、2011年）76頁以下参照。

6　学校にまだ非行事実が知られていない場合、そもそもそれを知られないようにする対応が重要であることを指摘する文献も複数あります。第二東京弁護士会子どもの権利委員会編『新少年事件実務ガイド〔第3版〕』（現代人文社、2015年）85頁、季刊刑事弁護増刊『少年事件ビギナーズ』（現代人文社、2011年）106頁等。逆に、高校生の場合に学校との連携を説く同様のマニュアル等の文献は少ないのが実状です。

第3部

医療・福祉機関との連携事例と連携の課題

被疑者弁護から
少年審判後に至るまでの連携と協働

鴨志田祐美（弁護士）

事件の発生

はじめに――クリスマス・プレゼント

　2012年12月25日、私はある再審事件の弁護団の一員として、メンバー総掛かりで起案した原稿を徹夜して一つの意見書に取りまとめ、これを裁判所に提出して、一息ついたところでした。
　この年度は県弁護士会の副会長を務めていたこともあり、とにかくバタバタした毎日を送っていました。
　そのとき、事務所の電話が鳴ったのです。刑事弁護活動を熱心にやっている若手の伊藤俊介弁護士からでした。
　「一昨日、私が被疑者国選で付いた被疑者が少年で、発達障害を抱えているんです。19歳で、被疑事実が現住建造物放火なので、逆送されて裁判員裁判になるかも知れません。先生が大崎事件と副会長でお忙しいのは重々承知なのですが、2人目の国選弁護人になって下さいませんか」
　私は思わず天を仰ぎました。
　意見書を提出して、これで何とか正月休みを迎えられると思っていたところに、大変な事件が舞い込んできてしまった。勾留満期は大晦日。勾留延長、準抗告で年をまたぐ攻防になるに違いない。正月休みは完全に飛ぶだろう。でも、断ったら、あとで後悔しないだろうか……。
　受話器を持ったまま、ここまで考えた私は、深呼吸を一つしてから返事をしました。
　「わかりました。お受けします。ただ、これから東京出張なので、明日帰ってきたら空港からその足で接見に向かいます。それでもいいですか」
　こうして、大きな「クリスマス・プレゼント」をもらったことが、この事件との出会いでした。

事件の概要

　この事件は、大学に入学した最初の夏休み明けから大学に通えなくなり、自宅に引きこもっていた少年Ａくん（19歳）が、たまった漫画雑誌等の不要品の処分に困って、自室内でプラスチック製衣装ケースとベッドの引き出しに不要品を入れ、そこに灯油を撒いて火を付けたところ、炎が周囲に燃え広がり、自室（自宅家屋の２階部分）の一部が焼けてしまったというものです。

　Ａくんには、家に火を付けようという意思も、そして、自分の部屋の中で不要品に灯油を撒いて火を付けたら、家そのものが燃えてしまうかもしれないという可能性の認識もありませんでした。

Ａくんの生い立ちと障がいについて

高校進学まで

　Ａくんは、幼少時は言葉の遅れもなく、友だちと仲良く遊ぶ普通の子どもでした。ジャンプすることが苦手とか、靴紐をうまく結べないといった気になる点があったものの、特に大きなトラブルもなく過ごしていました。それどころか、絵を描くのが得意で、小学生のときは絵画コンクールで最高賞を受賞して新聞に掲載されるほどでしたし、中学１年生のときは成績も優秀で、模擬試験でクラストップの成績を取ったこともありました。

　しかし、中学２年のころからＡくんの生活に陰りが見え始めます。公立高校から一流大学に進学して公務員になった父親のようになりたいと、県下随一の公立進学校を志望していたＡくんでしたが、中学３年になると偏差値が10程度も落ちてしまいました。自分で決めた勉強のやり方にこだわるＡくんと、そのやり方ではダメだと注意するお父さんとの間で口論になったり、ときには取っ組み合いのケンカになったりしたこともあったといいます。

　また、Ａくんは、中学２年のころ、通っていたスイミングスクールで水着を脱がされるなどのいじめを受けていたことも後になって判明しました。

発達障害への気づきと大学進学

　それでもＡくんは県内の公立高校に合格し、進学コースに入りました。しかし、徐々に高校の勉強について行けなくなり、親しい友人を作ることもできませんでした。

　担任教諭は当初、宿題をしてこなかったり、私服で登校したりするＡくんに

注意を与えていましたが、あまりに他の生徒と言動が異なることから、ここに至って初めてAくんの発達障害を疑い、両親にそのことを告げました。両親もこれを受けて各種相談機関に赴いたり、精神科や心療内科に相談したりしたところ、やはり発達障害であるとの診断を受けました。

　Aくんはその後、高校を中退してしまいました。

挫折から立ち直り、再び挫折。そして事件へ

　高校を中退したAくんは、個別指導の塾に通うなどして、高卒認定試験に合格し、地元の大学への進学を決めました。大学では、クラスの自己紹介で、あえて高校中退であることを告白するなど、自分なりに積極的に周囲に溶け込もうとする努力が見られましたが、夏休みを境に、大学に通うことができなくなり、自宅に引きこもるようになってしまいました。

　高校時代は、両親だけがAくんの障がいについて専門家に相談していましたが、この時期はAくん自身もみずからの異変に危機感をもち、精神科を受診しました（発達障害と診断されたことは本人には伝えられていませんでした）。Aくんは精神科ではうつ状態、適応障害と診断され、通院治療を受けていましたが、自らの「見立て」と違う薬を処方されると、断固拒薬したこともあり、その症状は悪化する一方でした。

　生まれつきの発達障害によるコミュニケーション障害とイマジネーション障害に加え、うつ状態が悪化したAくんは、12月のある日、母親から「家の10年点検で業者が入るので、自分の部屋にたまっている漫画の本やいらなくなった物を捨てなさい」と言われました。自宅に引きこもって、外に出ることを恐怖に感じていたAくんは、不要なものをゴミ捨て場に持っていくことができず、困り果てた末、自分の部屋にあった衣装ケースとベッドの引き出しに不要なものを詰め込み、灯油を撒いて燃やしてしまったのです。

被疑者段階の弁護活動

アクリル板越しのコミュニケーション

　12月26日、私は警察署の留置場で初めてAくんに接見しました。Aくんは伸び放題の髭に覆われ、冬ごもりから出てきた熊のようにのっそりと面会室に入ってきました。そして、私たちと目を合わせることなく、終始うつむき加減で、自分からは口を開かず、質問にはぼそぼそと小声で答え、はじめは何を

言っているのか聞き取れませんでした。すでに何度か接見していた伊藤弁護士は慣れたもので、アクリル板の、ポツポツと穴の空いている部分に片耳を押し当てて、その小さな声を聞き取っていました。

　言葉の数は少なかったものの、Ａくんの主張は一貫していました。それは「いらなくなった漫画雑誌を捨てるように言われたので、灯油をかけて焼いた」というもので、家を燃やそうとか、家が燃えても構わないとか、全く考えていなかったというものです。つまり、「現住建造物放火罪」の故意を否認していたのでした。

　私たちはとにかく毎日接見に行き、取調官が「むしゃくしゃしていたんだろう。家が燃えちまっても構わない、と思って火を付けたんじゃないのか？」というような質問をしても、決して「はい」と返事したりうなずいたりしないよう、Ａくんを励まし続けました。

　また、少年であり、発達障がいを抱える「供述弱者」のＡくんが、取調官の誘導や威迫によって迎合的な自白を取られることのないよう、ただちに取調べの全過程を録音録画するよう検察官に申し入れました。検察官は「すでにそのように警察に指示している」と回答しました。

被疑者弁護人としての立証活動

　私たちは、現住建造物放火の故意を否認するＡくんの発言を裏付けるため、放火の現場であるＡくんの部屋を見に行きました。押入れとベッドの周りだけが激しく焼けていて、彼の言葉が客観的に裏付けられました。

　また、「家の中で灯油を撒いて火を付けておきながら、家自体が燃えるということを予想できない」という彼の供述は、一般人からはにわかに信用しがたいと思われたため、発達障害をもつ者の能力や特性について、専門家の助言を得る必要があると考え、伝手を頼って専門家を探す過程で、この後長きにわたって本件のキーパーソンとなってくれた、地元大学院の教授で臨床心理士のＨ教授と繋がることができました。

　Ｈ教授は、事件前からＡくんと関わっていて、彼のコミュニケーションの障害やイマジネーションの障害の実情をよくご存じでした。教授は検察官からの事情聴取に応じ、その際「発達障害があると、要らなくなったものを処分したい一心で、家の中で灯油を撒いて火を付けた場合、家自体が燃えるということを予想できないことは大いにありうる」旨の説明をされたことが、検察官による故意の有無の判断に大きく影響したと思われます。

勾留延長をめぐる攻防

　私たちは、検察官と裁判所刑事部の書記官に対し「勾留延長されたら必ず準抗告する」と予告していましたが、大晦日に勾留延長の裁判がされてしまい、私たちはすぐに準抗告申立書を裁判所の当直窓口に提出しました。正月に帰省せず鹿児島に残っていた裁判官が呼び集められ、元旦に急ごしらえされた合議体によって準抗告の審理が始まりました。私は当直の裁判所職員に携帯番号を教え、お屠蘇も飲まずに事務所で決定が出るのを待機していたところ、準抗告は却下されましたが、決定で延長日数が2日短縮されました。

　たった2日、とも思いましたが、期間短縮になったことで、正月3が日が明ければ平日はあと2日しかないという状況になり、検察官は現住建造物放火の故意の立証を諦め、非行事実を「建造物等延焼罪」としてAくんを家裁に送致しました。

「認定落ち」が意味するもの

　家裁送致段階で、当初の被疑事実の「現住建造物放火」（刑法108条。法定刑は死刑、無期若しくは5年以上の懲役）から「建造物等延焼罪」（刑法110条2項、111条1項。法定刑は3月以上10年以下の懲役）に「認定落ち」したことは大きな成果でした。（一部）否認事件のままであれば、家裁送致後も、付添人としての更生に向けた環境調整活動と並行して、事実認定を争う活動を続けなければならず、そこにかなりのエネルギーを注がなければなりませんでしたし、現住建造物放火罪のままでは少年審判で逆送裁判員裁判の可能性も残りました。

　これらの懸念がなくなったことで、Aくんの家裁送致後における付添人活動においては、私たちは彼の障がいと丁寧に向き合い、更生に向けた環境調整に専念できるようになったのです。

家裁送致と付添人活動

家裁送致前の面談申し入れ

　Aくんが家裁送致される日時を事前に把握した私たちは、担当裁判官が観護措置決定をするためにAくんと会う前に、まず私たち付添人（正確には、この段階ではまだ「弁護人」です）と面談してほしいと申し入れました。Aくんの障がいやパーソナリティについて前もって情報を提供し、彼の向かうべき方向性について付添人の考えを伝えるとともに、裁判官がAくんの障がいに対する予

備知識がないまま対面して「態度が悪い」「反省がない」といった偏見をもってしまうことを阻止したいと考えたからです。

裁判所は私たちの申し出に応じ、驚いたことに観護措置決定前に、裁判官、担当の家庭裁判所調査官（以下調査官）２名、書記官が揃ってのカンファレンスが実現しました。

この最初のカンファレンスで、裁判官、調査官、付添人が、この事件のあるべき方向性について「Aくんを福祉や医療に繋ぎ、障がいに対する適切なフォローアップ体制のもとでの更生を目指す」という共通認識を持つことができたのは、大きな収穫でした。

家裁でのカンファレンス

観護措置決定後も、私たちは終局審判までに５回のカンファレンスを重ねました。カンファレンスには常に裁判官、調査官、付添人が同席し、情報共有しながら審判に向けた検討を進めました。

例えば、私たち付添人が「Aくんは、言葉による説明だけでは少年審判の手続を想像することが難しい」「コミュニケーションが苦手なので、体験したことのない場所では固まってしまうのではないか」という懸念を伝えたところ、裁判官が自ら、審判廷のどこに誰が座っているのかを図にして、審判手続の流れを分かりやすく箇条書きにしたA4用紙１枚のペーパーを作ってくれました（**資料１**）。

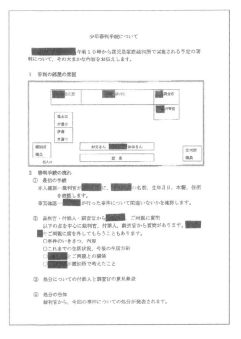

資料１

このペーパーをAくんとの面会の際に示して審判期日の手続を説明したことで、Aくんは比較的落ち着いた様子で審判を乗り切ることができました。

鑑別技官との面談、鑑別所への申し入れ

　被疑者国選弁護人の段階から、私たちは発達障害についての知見をもつ専門家や、発達障害をもつ被疑者・被告人の事件に携わったことのある弁護士等にアクセスし、さまざまな助言をいただきました。その一つに、少年鑑別所で鑑別を行う際には、個別検査を行うよう要請すべきとの助言がありました。

　Aくんの観護措置決定の後すぐに、私たちは少年鑑別所で鑑別技官と面談し、意見交換をしました。

　鑑別技官もAくんの特性にかんがみ、個別検査を行うことはもとより、コミュニケーションが苦手なAくんを他の少年とは同室にせずに過ごしてもらうなどの配慮を約束してくれました。

　私たち2人の付添人は、あるときは揃って、あるときは個別にAくんとの面会を重ねました。人見知りなAくんも次第に私たちに慣れてきた中で、付添人相互の役割分担をしようということになりました。Aくんと比較的年齢が近く、Aくんの好きな漫画やアニメ、ゲームについての知識もある伊藤弁護士は、相談に乗ったり、愚痴を聞いたり、励ましたりというお兄さん的立ち位置で接しました。一方、Aくんの母親よりも年上である私は、手続や今後の見通しを教えたり、ときには説教や叱咤もしたりするという、母親あるいは教師的な立ち位置という具合です。

　鑑別所内での生活については、鑑別技官から色々と情報を提供してもらいました。お風呂に入ったあとの湯桶や洗面器の後片付けがまったくできていなかったなど、基本的生活習慣のレベルにも障がいの影響があることに気づかされました。

受け入れ先のリサーチ

　本件における付添人活動の力点は、何と言っても更生のための環境をどこまで整えられるか、ということでした。

　私たちには、Aくんを適切な医療モデルや福祉モデルに繋いで、社会の中で治療と更生を目指す、という目標がありましたが、現実はやはり厳しいものでした。

　まず、審判では保護観察を求めることを前提に、自宅から通所できる施設に繋げることを検討しました。

　しかし、調査官はAくんを自宅に帰すことには難色を示しました。Aくんの両親は共働きで、妹さんはその年が高校受験でした。Aくんの放火により、自

宅は大規模リフォームが必要となり、家族はお父さんの実家に「間借り」することを余儀なくされていました。Aくんには自殺企図を窺わせるようなインターネットの閲覧履歴があることがわかっていましたし、放火という事案の性質上、両親が仕事に行っている昼間の長い時間帯をAくん一人で過ごさせるのは、確かにやや不安がありました。

　すぐには自宅に帰せないとなると、居住型の施設やグループホームを検討しなければなりません。H教授に相談したところ、自らの教え子が県下の数多くの施設に就職しているという人的ネットワークを活用し、Aくんを受け入れることが可能な施設を精力的に探して下さいました。しかし、県下には、発達障がいをもつ成人を受け入れる居住型施設はありませんでした。知的障がいや精神障がいをもつ成人向けのグループホームなどはありましたが、Aくんは知的能力には問題がないため、知的な障がいを持つ他の利用者たちとの生活で、逆に浮いてしまうという懸念もありました。

　Aくんの両親も熱心に受け入れ先をリサーチし、県外の寮のあるフリースクールなどを見つけて下さいましたが、Aくん自身は自宅を離れて見知らぬ少年たちと生活することに抵抗があるようでした。

　Aくんの落ち着く先が決まらぬまま第1回審判日が刻々と近づく中、調査官がカンファレンスの際に「某県の保護観察所から情報提供があり、某県には思春期発達障害専門の外来と入院病棟をもつ精神科のK病院があるとのことである。そこに短期間入院させてみるのはどうか」と提案しました。

　私たちは、精神科への入院というプランをAくんや両親が受け入れるだろうか、と案じましたが、両親もまずはAくんを医療モデルに繋ぎ、回復を待って次のステップを目指したいと考えたようで、すぐにK病院の見学に赴いてくれました。

　一方、Aくんの抱えている障がいについて、これまで（両親も含め）誰もきちんとAくん自身に告知したことはなかったということで、H教授の助言により、伊藤弁護士と私からAくんに対し、障がいを告知し、まずは治療を受けるべきだという説得を行いました。ただ、Aくん自身がその病院に適合するかは、なお慎重な見極めが必要なところ、もう審判日は数日後に差し迫っていました。

　そこで、第1回審判では、1カ月程度の試験観察という形にして、試験観察期間を利用してAくんにK病院を受診してもらい、入院加療が可能かを見極めるという、異例の対応を取ってもらうことになりました。

第1回審判と試験観察

このように、付添人、裁判所、そしてAくんの両親との間では第1回審判で終局決定を出さず、「Aくんの行き先を決めるための試験観察」になるという結論を共有していました。

しかし、Aくんには「放火」という事件の大きさを自覚し、二度とこのような危険な行為をしないよう肝に銘じてもらうため、裁判官と協議の上、審判ではあえて厳しい雰囲気で臨んでもらいました。

前述したとおり、審判の前に裁判官自らが審判廷の配置や手続の流れを分かりやすく説明したペーパーを作成してくれていた（**資料１**）ので、Aくんは事前に審判廷にいる「大人たち」の役割や質問の順序をそれなりに把握できていたため、比較的落ち着いてスムーズに手続を進めることができました。

Aくんは、人と目を合わせることが大の苦手ですが、かなり頑張って正面を向いて、言葉数は多くはありませんでしたが、それでも裁判官の質問にひとつひとつ答えていました。

第1回審判後、県外のK病院を受診する前に、Aくんは一時的に帰宅することになりました。私たちは、Aくんの両親に、Aくんが帰宅するときまで、自分が火を付けた現場をそのままにしておいてほしいとお願いし、リフォーム工事を待ってもらっていました。

自宅に帰ったAくんは、焼けて黒焦げになった自室の床や壁、家具を目の当たりにして、ショックを受けた様子だったそうです。言葉から実際の様子をイメージすることが苦手なAくんにとって、「現場」を目の当たりにしたショックも、更生に向けた貴重なステップになってほしい、と思いました。

終局審判

第1回審判から約10日後、AくんはK病院を受診し、統合失調症及びアスペルガー障害と診断され、その日から同病院の思春期病棟に入院しました。

その数日後、私たち付添人はH教授とともに、K病院に赴いて、Aくんの病院での様子を実際に確認するとともに、主治医や医療スタッフと面談し、治療方針について説明を受けました。入院期間は3カ月を予定し、統合失調症に対しては服薬治療、発達障害に対しては入院患者参加型のオリエンテーションに参加するなどして社会復帰に向けた訓練を行うとのことでした。

ほどなく終局審判期日が開かれ、入院先から一時退院して審判に出席したAくんに、2年間の保護観察に付するという終局審判がされました。

処遇勧告

　ここで特筆すべきは、審判をした裁判官が、Aくんの入院先を管轄する保護観察所に対して、「処遇勧告」（少年審判規則38条2項）を出してくれたことです。処遇勧告は、保護観察や少年院送致の決定に際し、その処遇期間などを勧告する場合に用いられることが多いのですが[1]、本件で審判を担当した裁判官が保護観察所に対して行った処遇勧告は次のようなものでした。

　「少年の処遇に関しては、少年の問題性や精神状態に最大限配慮し、医療機関や福祉機関と適宜の連携を図るだけでなく、弁護士鴨志田祐美及び弁護士伊藤俊介と連絡を密にしていただきたい」

　そして、処遇勧告書には、このような勧告を行った理由も詳細に述べられていました。

　「貴庁（引用者注：保護観察所のこと）におかれましては、医療観察制度を通じて、医療機関との連携に習熟していると側聞しますが、医療機関・福祉機関等と十分な連携を図るためのコーディネーター役を果たしていただきたく存じます」

　「両弁護士は、少年が身柄拘束されて以降、相当回数にわたって、少年やその両親と面談を重ねるだけでなく、本件非行前から少年を支援していた臨床心理士と連携し、鹿児島県内外の複数の医療機関・福祉機関の入所を検討し、K病院の医師とも面会をした上で、同院に入院する運びとなりました。このような両弁護士の尽力なくして、少年がK病院に入院することはあり得ませんでした。審判時の言動を見る限りでは、少年の両親も、両弁護士に全幅の信頼を寄せていると思われます。しかも、本件保護観察決定により、両弁護士の付添人としての活動は終了しましたが、付添人の立場を離れても、少年の更生を見守るために活動したいとの考えを持っています」

　「以上のとおり、少年の健全な育成のためには、各利害関係人の意向に配慮しつつ、医療機関・福祉機関における医療的措置を中心に据えることが最も重要で、貴庁が調整役を担い、連携を深める必要性が特に高いと思われます。したがいまして、本件のような処遇勧告は異例かもしれませんが、上記の事項をお願いする次第です」

　わが国の少年司法のもとでは、審判がされた途端、家庭裁判所はその役割を終え、その後の少年の更生プロセスに関与することは想定されていません。

　しかし、本件の処遇勧告は、裁判所の手を離れた後の少年の更生に向けて、関係各機関の連携を促すものであり、事実、後述するように、この勧告の存在が、私たち「元」付添人による「審判後の見守り活動」を強力に後押しして

れました。

　審判後の連携のあり方には多様なバリエーションが考えられますが、審判の際に家庭裁判所が行う処遇勧告が、その連携をスムーズにする契機となりうることに、ぜひ注目していただきたいと思っています。

審判後の「見守り」活動

両親との委任契約の締結

　Aくんの両親は、事件に衝撃を受けながらも、何とかAくんを立ち直らせたいとの思いを強く持っていました。Aくんの成長過程がわかる様々な資料を探し出したり、Aくんにフィットする施設や病院を積極的にリサーチしたり、共働きの忙しい生活の中で、私たちにも大変協力的に接して下さいました。

　一方で、やはり、Aくんの将来には不安もあり、これから先Aくんにどのように接していけばよいか、迷いも悩みもあるようでした。

　そこで、審判後、「元」付添人の私たちは両親に対し、Aくんの更生に向けた見守り活動を継続していきたい旨を伝え、Aくんの見守り活動を行うことについて、両親と委任契約を結びました。責任ある仕事としての自覚をもって見守り活動に取り組むという姿勢で臨みたかったため、あえて有償の委任契約としました。

　Aくんの親権者である両親とこのような契約を締結し、私たちの活動に法的根拠ができたことは、保護観察所や他の期間との連携をスムーズに行う上で、思った以上の効力を発揮しました。

K病院（思春期・発達障害病棟）への入院中のフォロー

　Aくんの保護観察期間はK病院での入院生活からスタートしました。私たちは、Aくんとの面会と病院側とのカンファレンスのために、試験観察時も含め合計4回、県外のK病院を訪れました。臨床心理士のH教授も毎回同行して、専門家の目でAくんの様子をチェックして下さいました。

　Aくんは、向精神薬服用を中心とした治療を受け、リハビリ訓練にも参加しました。当初は自室に籠もりがちでしたが、徐々に積極性が見られるようになり、公衆電話から伊藤弁護士に電話を掛け、将来についての相談をするようにもなりました。しかし、薬の副作用か、動作や発語が緩慢になったり、微熱が続いて目がうつろになったりする症状が見られることもあり、長期の入院はか

えってAくんの社会復帰を難しくするのではないか、との懸念もありました。
　入院後期になると、Aくんは、自ら大学に復学したいとの希望を口にするようになったため、主治医、医療スタッフ、保護観察官、保護司などと協議を重ね、当初の予定どおり、入院から3カ月で退院する方向で調整を進めました。

退院と保護観察所の移送
　Aくんが大学への復学を希望したことで、私たちの活動の中心は復学に向けた環境調整へとシフトしていきました。そもそも大学を長期休学し、障がいを抱え、保護観察中でもあるAくんを、大学側が受け入れてくれるのか、心配は尽きませんでした。しかし、Aくんが大学に入学してから休学するまでの数カ月間、Aくんの障がいを理解し、フォローして下さっていたS教授の尽力で、無事復学のメドが立ちました。
　一方、退院した後も通院加療が必要なAくんが鹿児島で生活していくためには、自宅での生活基盤を整え、通院先を確保する必要がありました。
　Aくんの両親、H教授、そして伊藤弁護士と私は、私の事務所で何度も打合せをしました。そしてAくんの通院先の病院や、週末に通う自立訓練事業所などを決めていきました。この自立訓練事業所は、Aくんが大学に復学した後も、授業のない長期の休みの際の貴重な外出先として利用を継続しました。
　ところで、退院後のAくんは鹿児島で更生を目指すことになったため、K病院の所在地を管轄する保護観察所から、鹿児島保護観察所に移送されることになりました。移送前の保護観察所に対しては、前述のとおり審判時に家庭裁判所が処遇勧告を出してくれていたため、私たち「元」付添人が保護観察官との情報交換や病院でのカンファレンスなどにスムーズに関わることができていましたが、鹿児島での連携に引き続き関与することができるか、心配もありました。そこで、私たちはこれまでの経緯を報告書にまとめ、鹿児島保護観察所においても、私たちとの連携を密に取ってもらいたい旨要望しました。
　ちょうどその頃、別件で家庭裁判所に出向いたとき、Aくんの少年審判を担当した裁判官と偶然廊下で遭遇しました。その際、Aくんが病院を退院して鹿児島で大学に復学することを伝え、保護観察所の移送の問題にも触れたところ、もし、関与に困難が生じるようであれば、新たな処遇勧告も検討するとして、同裁判官は鹿児島保護観察所内で最初に行われる処遇会議に、オブザーバーとして出席して下さることになりました。
　かくして、第1回の処遇会議には、統括保護観察官と担当保護観察官、担当

保護司、伊藤弁護士と私、そしてオブザーバーとして審判を担当した裁判官が鹿児島保護観察所に会し、Aくんの性格、病歴、行動特性、生活環境について確認し、処遇の方向性や支援のあり方について意見交換し、今後の連携を確認しました。

裁判官が再度の処遇勧告を検討するまでもなく、私たちはそれ以降も鹿児島保護観察所の処遇会議に当然のように参加させていただき、Aくんの更生に向けたサポートシステムに引き続き関わることができました。後に保護観察官と話をする中で、「元」付添人の関わりが問題なく認められたのは、少年審判時に裁判官が処遇勧告を出したことと、私たちが両親から正式に委任を受けているという事実が大きく影響している、ということがわかりました。

復学後の見守り

Aくんは、大学2年の後期から復学し、自宅から自転車と電車を使って通学を開始しました。講義については、単位を取得して4年間での卒業を目指すより、留年してでもゆっくり学生生活を持続しながら、社会で自立していくためにAくん自身が興味をもって打ち込めるものを探していけばいい、というスタンスでカリキュラムを組んでもらいました。

S教授のはからいで、Aくんがなるべく大学に足を向けるようにと、週に1回、講義のない空き時間に、S教授の研究室で資料整理等のアルバイトをさせてもらえることにもなりました。Aくんはアルバイト料をためて、好きな漫画本を購入するという目標ができました。

他者とのコミュニケーションが極端に苦手なAくんは、なかなか大学の教室で友達を作って交わることができませんでしたが、S教授のゼミを受講していたXくんという友達ができました。Xくんはやはり高校時代に不登校の経験をもっている学生で、パソコンやゲームが得意でした。Aくんは、パソコンやゲームについてXくんから色々と教えてもらうようになり、そのうちにXくんの家にも自分から遊びに行くなどの積極性が出てきました。

大学生活の方は何とか軌道に乗ってきたAくんでしたが、大学の講義がない日は、どうしても自宅で漫画を読んだりゲームをしたりして過ごす時間が多くなるため、私たちは、Aくんに大学生活以外の時間を有効かつ自主的に過ごしてもらうための「ミッション」を色々と提案し続けました。

まず、約2ヵ月に1度のペースで、土曜日のお昼に「昼食会」を開きました。伊藤弁護士、私とAくんの3人で、ときどきはH教授も一緒にランチを食べに

行き、その際にAくんから大学や自宅での生活の様子を聞いたり、簡単な「宿題」として読書レポートを作成してもらったり、絵を描いてきてもらったりしました。

　Aくんの両親も、Aくんに家事の手伝いや買い物をさせるよう配慮していましたが、より積極的に自分で考えて行動してもらうために、私たちは、ある「ミッション」をAくんに依頼しました。

　それは、週に1回、家族全員の夕食を作ることです。献立作りから食材の買い出し、調理、そして後片付けまでが一つのミッションで、後日それをレポートにして私たちに提出してもらいました（**資料2**）。

　献立はインターネットのレシピサイトからダウンロードしていたようですが、「豚肉の生姜焼き」「鶏もも肉とパプリカピーマンのトマトソース煮」「青椒肉絲」「肉じゃが」などバラエティに富んだ料理を作って、家族にも喜ばれていました。

　復学後の大学への出席状況には時期により波があり、また科目によってもばらつきがありましたが、Aくんは保護観察期間の終了までの間に45単位を取得しました。

保護観察所での「処遇会議」

　鹿児島の保護観察所では、2年の保護観察期間のうち、鹿児島に移送後の1年8カ月の間に、合計15回の処遇会議を開催しました。保護観察所の統括保護観察官と担当保護観察官、担当保護司さん、私たち「元」付添人2名が、ほぼすべての会議に参加し、そして、途中からはAくんの大学生活を献身的にサポートして下さっていたS教授にも加わっていただきました。

　処遇会議では、それぞれの立場からAくんと関わった状況を報告し合い、Aくんの状況について情報を共有した上で、現状での課題や支援の方向性について検討し、さらにその支援について誰がどのように関わるかの役割分担を決めていきました。

　それぞれの報告から、多面的にAくんの課題を捉えることができました。例えば、2回目の処遇会議の際、保護司さんから往訪・来訪の際、Aくんは最初の挨拶がない、という指摘がありました。被疑者で警察の留置場に勾留されていたときから接していて、すっかりAくんのパーソナリティに慣れてしまっていた私たちは、「そう言えば、私たちにも『こんにちは』と言ったことがなかった」と気づき、それから意識してAくんから最初の挨拶が出るのを待つようにしま

資料2

課題：夕食の調理について
実施日時：
料理名：肉じゃが
特　徴：余ることの多い食材で作れるのが特徴。
〇調理にあたり苦労したこと
　肉、野菜の順で炒めるところ。
〇調理にあたりうまくできたこと
　家の余った食材（じゃがいも、玉ねぎ、人参）を手軽に使えた。
〇食材の購入について
　　　　　　に一人で買い物　　　　　　に行った際に、済ませた。
〇試食した人からの意見
　・甘辛い味付けでおいしかったです。
　・アクもとってあって、見た目もきれいでした。

料理：肉じゃが

課題：夕食の調理について
実施日時：
料理名：チンジャオロース
特　徴：野菜をたっぷり食べられるのが特徴。
〇調理にあたり苦労したこと
　下ごしらえで食材（肉、野菜）を細切りにするのが大変だった。
〇調理にあたりうまくできたこと
　肉に調味液をもみこみ、片栗粉をまぶしたこと。
〇食材の購入について
　　　　　　に一人で買い物　　　　　　に行った際に、済ませた。
〇試食した人からの意見
　・しょっぱかったけど、おいしかったです。
　・肉に味が染みていた。

料理：チンジャオロース

課題：夕食の調理について
実施日時：
料理名：鶏もも肉とパプリカピーマンのトマトソース煮
特　徴：柔らかな鶏肉とトマトソースにぴったりなのが特徴。
〇調理にあたり苦労したこと
　トマトソースの量が足りなかったこと。
〇調理にあたりうまくできたこと
　火加減を調節しながら、汁を煮詰めることができた。
〇食材の購入について
　　　　　　に一人で買い物　　　　　　に行った際に、済ませた。
〇試食した人からの意見
　・肉にや火が通っていなかったようです。
　・野菜は柔らかく食べられました。
　・片づけをしてほしい

料理：トマト煮

課題：夕食の調理について
実施日時：
料理名：生姜焼き
特　徴：男性ファンが多い、ごはんの進むスタミナ満点なところが特徴。
〇調理にあたり苦労したこと
　特になし。
〇調理にあたりうまくできたこと
　塩味を効かせた味付けにできたこと。
〇食材の購入について
　　　　　　に一人で買い物　　　　　　に行った際に、済ませた。
〇試食した人からの意見
　・肉もやわらかく、味付けもパンチが効いておいしかったです。
　・辛みがよかった。

材料：豚のしょうが焼き

した。また、Aくんは、接する相手によって異なる表情や対応を見せることもわかりました。

　この処遇会議では、ともすると自宅に籠もって漫画やスマホゲームばかりに熱中し、通院先から処方されている向精神薬の影響もあるのか、朝起きることが苦手で、そのために学校を休んでしまうこともあるAくんに、規則正しい生活習慣をつけてもらうにはどうしたらよいか、検討と試行錯誤を重ねました。私たちは、Aくんの障がいを踏まえ、抽象的な指示ではなく、具体的なツールを使うこと、継続のためにルーティン化することが必要だと考えて、まず、保護観察官がAくんと面談し、遵守すべき日常生活のルールを決めた上で、そのルールを実際に守ることができたか毎日チェックするように、「セルフ・モニタリング・シート」と名付けたチェックシートを作成し、Aくんに毎日記入させることにしました。さらに、伊藤弁護士が実際にこのシートに記入してみて、記入がしづらい点を指摘し、それを踏まえて保護観察官がシートを改訂しました（**資料3・4**）。

　保護観察期間後半は、大学からさらに社会に出て行くための準備として、Aくんを福祉施設でのボランティア活動に繋げる試みも行いました。ただ、Aくんにとってこれは重荷だったようで、続かなくなりました。私たちは、ここまでが順調だったことで、Aくんの抱える障がいに対する配慮が薄くなっていたかもしれないと反省し、医療モデルからのアプローチの必要性を再認識させられました。

資料3

資料4

セルフ・モニタリング・シート
〜毎日の生活を振り返って、ルールの達成状況等を記入しよう〜

（セルフ・モニタリング・シートの表）

　また、自宅でのAくんの生活を毎日見守っている両親にも、今後についての不安やそこから来るストレスに対するフォローが必要だと感じていました。そこで、保護観察官が「保護者振り返りシート」を作成して、両親の本音を引きだそうという試みもしましたが、両親を、障がいをもつ親や家族が参加するネットワークに繋ぐことまではできませんでした。

　さまざまな試行錯誤の日々でしたが、それでもAくんは大学生として社会との繋がりを取り戻し、再非行もなく、保護観察期間を終えることができました。

　保護観察の終了にあたり、保護観察官は最後の面談で、コミュニケーションが苦手なAくんが、これから社会で生きていくときに少しでも役に立つように、と「人付き合いのマナー」についてのリーフレットを渡しました（**資料5**）。

　Aくんは「ありがとうございました」と言って、観察官の部屋を後にしたそうです。

資料5

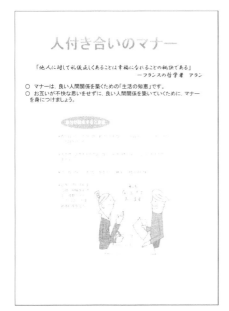

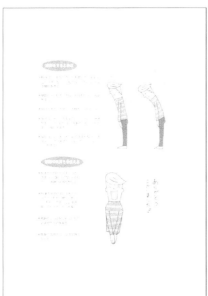

まとめにかえて

成果と課題

　本件は、家庭裁判所の裁判官、調査官、少年鑑別所の技官、保護観察所の統括保護観察官、担当保護観察官、そして臨床心理士のＨ教授や復学した大学のＳ教授など、Ａくんをとりまく周囲の大人たちが、それぞれ専門家としての自らの役割を全うし、素晴らしい対応をしてくれたことで、真の意味の「連携と協働」を果たせた事案だったと思います。また、Ａくんの両親も、Ａくんのもつ障がいについて悩みや迷い持ちながらも、Ａくんに愛情をもって日常生活に目を配り、Ａくんに気になる兆候が見られたときにはすぐに私たちに連絡し、Ａくんの通院に付き添ったり、適合する施設を探したり、懸命に対応して下さいました。本件の成果は、まずもって人的資源に恵まれていたことによるところが大きいと言えます。

　一方で、本件にかかわったことで、大きな課題も見えたように思います。

　あるシンポジウムで本件における付添人活動を発表した際、元調査官だった弁護士から、このように言われたことがありました。

　「普通の弁護士が付添人になっていたら、現住建造物放火罪を建造物等延焼罪に落とせたらもう十分で、あとは１回の審判で医療少年院に送致して終わり、という事案だと思う」「鹿児島には保護処分が４つある。保護観察、少年院送致、児童自立支援施設等送致と、あと一つ、『鴨志田送致』だ」

　それは私に対する賛辞なのかもしれませんが、このままではダメだと思うのです。

　たまたま特定の弁護士や、熱心な裁判官、調査官に当たったから、たまたま福祉や医療に繋がる人的資源が得られたから、というのでは、適切な救済をもたらせるのはごく限られたケースとなってしまいます。今回のような取り組みが普遍化し、そして、審判後の少年たちが大人たちの連携によってスムーズに社会に復帰していくための制度の構築が待たれるところです。

　具体的には、本件で少年審判の際に裁判官が出した処遇勧告、そして私たちがＡくんの両親との間で結んだ委任契約が、審判後における少年の更生に向けた連携に「元」付添人が関与するにあたり、有効に機能するではないかと考えます。

　その際、本件ではＡくんの両親が大変協力的で、資力もあったことから、有

償での委任契約を結ぶことができましたが、少年事件では少年の親がいないケース、親がいても貧困等の原因で親自身に養育監護の能力や意欲がないケースが少なくありません。そのような場合に、例えば法テラスの援助等、「元」付添人の見守り活動を公費でカヴァーする制度も必要だと思います。

　少年を更生させ、社会的、経済的責任を果たす存在として社会に送り出すことは、人口減少、高齢化がますます進むわが国にとって、本人の利益に止まらず、社会全体の利益に資するものです。そのために尽力する「大人たち」に、労力に見合った対価が保障されることも、制度設計にあたり不可欠でしょう。

　また、本件では何と言っても臨床心理士のH教授に繋がったことが幸運でした。私たちがAくんと接する上でも、Aくんの入院に際しても、自立支援施設やボランティア活動先の選定にあたっても、H教授の専門的知見と人脈が大きな力になってくれました。

　しかし、例えば若手の弁護士が、障がいを抱える少年や被疑者・被告人の国選弁護人に選任された場合に、専門家の意見や助力を求めたくても、どのようにアクセスしたらよいのかが分からないまま、専門家に繋がらずに付添・弁護活動を行うことを余儀なくされているケースは少なくないと思います。

　このような時に、「ここに行けば専門家を紹介してもらえる」という、弁護士と医療、福祉、心理などの専門家とを繋ぐワンストップセンターが各地域に存在することが必要だと思います。地方の大学の中には、そのような取り組みを始めているところもあると聞いています。そのような組織、制度の拡大を望みたいところです。

保護観察期間終了後のAくんについて

　保護観察期間の途中でAくんは成年に達しました。私たちが両親との間で結んでいた委任契約は、両親にAくんの「親権者法定代理人」という立場で契約の当事者になっていただき、契約内容についても保護観察中の見守り活動を想定していましたので、保護観察終了後のAくんの見守りについて、いままでの委任契約では実情に合わなくなりました。

　そこで、現在はAくんも両親も含めた家族の「ホームドクター」のような立ち位置で活動することができるよう、Aくんの父親と私たちとの間で一種の顧問契約を締結しています。

　保護観察期間が終了してからのAくんは、体調、精神状態ともに好不調の波が激しく、大学4年時からは出席率も下がってきてしまいました。「頭が痛い」

「体調が悪い」を理由に、お昼近くまで起き出すことができない日が多くなったためです。私たちは「学校に行かなければ、両親はもう学費を払わない。逆に、目標出席率を達成すれば、お小遣いをもらえる」という約束事を決めて、Aくんと両親から署名押印付きの「約束書」という書面を交わしましたが、状況は好転しませんでした。周囲の学生が就職活動に勤しむ中、話題から取り残され、仲の良かったXくんも卒業していく中で、Aくんにとって大学という場所が再び生きづらい空間になってしまったようです。

この夏、Aくんは再び大学を休学することになり、今は障がい者のための就労事業所に通い始めたところです。

Aくんの、何事にもなかなか意欲を見せず、外にも出たがらず、周囲が強制的に何かをさせなければひたすら漫画とゲームに明け暮れるという生活態度は、障がいによるものなのか、体調が悪いからなのか、それとも単なる怠け癖なのか、精神科医でも臨床心理士でもない、法律家に過ぎない私たちだけでは的確な判断やフォローはできません。しかし、幸いにもH教授、S教授との協力体制は続いています。弁護士自身にできることはわずかかもしれませんが、複数の専門家や関係機関とのコーディネーターのような立ち位置で活動することも、弁護士の担うべき役割の一つと言えるでしょう。これからも私たちは、Aくんが社会と繋がって一人で生活できる道筋が見えるまで、連携による支援を続けていきたいと考えています。

おわりに——Aくんの魅力

本件については、シンポジウムや勉強会で何度か報告をさせていただいたことがありますが、そんなときに「どうしてたくさんの大人たちがAくんのためにここまで一生懸命になるのか」と聞かれることがあります。

その答えはとても簡単。それは「Aくんの魅力」です。

Aくんにはもどかしい思いもさせられますし、途方に暮れさせられることもあります。でも、彼には「人を困らせてやろう」というような邪気はまったくありません。不器用で、時には頑として人の意見や提案を拒むところもありますが、基本的には素直で、伊藤弁護士や私が「おせっかいを焼く」ことに嬉しそうな表情を見せてくれることもあり、それが私たちを何とも幸せな気持ちにさせてくれるのです。

ある年、Aくんは私に年賀状を送ってくれたのですが、新年の挨拶が印刷されている年賀はがきに、Aくんの特徴のある字で「先生の事務所のコーヒーは

おいしいです」と書かれていました。コミュニケーションの苦手な彼の、私に対する精一杯の気持ちが、じわじわと伝わってきました。

　少年の立ち直りに向けた連携と協働の問題には、立ちはだかる現実の壁がまだまだたくさんあります。法制度や組織の整備が喫緊の課題であることに異論はありません。しかし、最後は社会を構成する個々人が、「排除」から「共生」へと価値観を転換させなければ、ひとたび社会の枠組からこぼれ落ちた少年を、再び社会に帰すことはできないのではないでしょうか。

　そのような思いをこめて、「共生」のあり方を端的に示唆する、吉野弘の『生命は』の一節を引用して、本稿を締めくくりたいと思います。

　生命は
　自分自身だけでは完結できないように
　つくられているらしい

　花も
　めしべとおしべが揃っているだけでは
　不充分で
　虫や風が訪れて
　めしべとおしべを仲立ちする

　生命は
　その中に欠如を抱き
　それを他者から満たしてもらうのだ

『生命は　吉野弘詩集』（星雲社、2015年）

1　武内謙治『少年法講義』（日本評論社、2015年）317頁参照。

「子どもの司法と精神保健・福祉を考える会(熊本)」について

古田哲朗(弁護士)

はじめに

　私は、熊本で弁護士をしています。熊本では2013(平成25)年12月14日、「子どもの司法と精神保健・福祉を考える会(熊本)」が発足しました。それ以来、年に2回、子どもに関する司法・医療・福祉の勉強会がおこなわれています。

　この勉強会の開催により、熊本における司法・医療・福祉の連携はとりやすくなりました。お互いに顔が見える関係になったのです。少年事件の付添人活動においても非常に有意義なことです。少年事件における付添人は、わずか数週間の間に、少年と何度も面会し、さまざまな活動をおこなう必要があります。そのときに連携できる医者や福祉関係の方がいることは、大変ありがたいのです。

　少年がかかえる問題は、社会の変化に伴って複雑化しており、今後は連携なしでは活動が不十分になる事件も多くなると思われます。

　そこで、①熊本ではどのようにしてこの勉強会が発足したのか、②具体的にどのように運営しているのか、③どのような効果があったのか、④これからの課題は何なのかについて、述べていきます。

勉強会の発足の経緯

発端

　日本弁護士連合会子どもの権利委員会では、毎年、子どもの日にちなんで、子どもの権利全国イベントを開催しています。そして、熊本では、この全国イベントにあたって、毎年「春のフォーラム」として、子どもの人権に関する講演会やシンポジウムを開催してきました。

　私は、企画立案の責任者として、2013(平成25)年の「春のフォーラム」で、

何を企画しようかと悩んでしました。

　そろそろ企画を決める時期にさしかかった同年2月16日と同月17日に、三重県で開催された全国付添人経験交流集会に参加したのです。そして、そのときの全体会において、高岡健医師の「精神科医と付添人弁護士の一層の連携をめざして」と題した講演を聴きました。高岡先生は、日本児童青年精神医学会の鑑定人リストの存在や、児童精神科医と弁護士が日常的なつながりをもつ重要性を熱心に述べておられました。

　私は、「これだ！」と思いました。すなわち、児童精神医療の鑑定人である専門医の講演を「春のフォーラム」で企画すべきと感じたのです。しかも、今後の日常的なつながりを実践できるように、できるならば熊本の専門医にお願いしたいと思いました。

　そこで、私は熊本に帰ってからすぐに、日本児童青年精神医学会に連絡しました。熊本在住の鑑定人の紹介をお願いしたのです。すると、文書でいただくと助かるとのことだったので、2013（平成25）年2月20日付の「お願い」と題する文書で、少年付添人と日常的なつながりを持つことが可能な熊本在住の鑑定人の先生の紹介をお願いしました。

　すると数日後、日本児童青年精神医学会から、熊本在住の弟子丸元紀医師を紹介する書面が届きました。表彰状のようなかなり立派な紙だったことを覚えています。

　私は、早速、弟子丸先生に連絡し、連絡文書を送って「春のフォーラム」の講演を依頼しました。弟子丸先生は快く講師の依頼を受けて下さいました。

　今思えば、ものすごく正式なルートをとおして、ご連絡を差し上げたことになります。

2013（平成25）年「春のフォーラム」の開催

　私は、弟子丸先生と「春のフォーラム」の事前打ち合わせを開始しました。そして、「春のフォーラム」は、「発達障害と反応性障害──臨床現場で診る反社会的行動について」という題で、熊本市国際交流会館において、2013（平成25）年6月8日に開催されることになりました。

　弟子丸先生は、弁護士からの講演依頼を大変喜んでおられるようでした。私が弟子丸先生に最初に送った文書には「少年付添人と日常的なつながりを持つことが可能な熊本在住の鑑定人」として弟子丸先生を紹介されたことや、今後も日常的なつながりを持っておく必要性を記載していました。後になって考え

てみると、この部分を喜んでおられたのです。

　弟子丸先生は、児童精神科医として、司法関係者との連携の必要性を常日頃から考えておられたようです。広島では、「少年司法と青春期精神医療の対話」という司法と医療の勉強会が開催されており、弟子丸先生も以前その勉強会に参加して、司法との勉強会の必要性を非常に感じておられました。熊本でもこのような勉強会ができないものだろうか、いったいどの弁護士に連絡したらいいのだろうと悩んでおられたそうです。

　弟子丸先生は、非常に温和な方で、物静かにたんたんとお話しされる方でした。そして、その話の中で、子どもの精神医療や環境等に関する熱い思いが、しっかり伝わってくるのです。

　弟子丸先生の講演は、弁護士の活動も意識した内容で大変勉強になりました。「完全な人はいない、皆、不完全である」という言葉は、私の心にしっかり残りました。そして、90人程度収容できる会場が溢れかえるほど大盛況でした。いつもどおりの宣伝をしてフォーラムの開催をしていた私は、予想以上の参加人数に驚きました。そして、これが弟子丸先生の講演を聴きたいという医療関係者の増加であることに気が付き、弟子丸先生の児童精神医学会における影響力の大きさを肌で感じたのです。その先生が、熊本において子どもに関する司法と医療の勉強会の発足を望んでおられる……。

　勉強会の発足は、弟子丸先生の永年の思いと、私が依頼した正式なルートによる紹介が合致して、スムーズに前進し始めたのです。

準備段階

　春のフォーラムの開催直後から、医療側と弁護士との間で、医療と司法の勉強会の準備会を開催するようになりました。

　熊本という土地柄は、「肥後の引き倒し」という言葉が生まれるくらいですので、段取りが大事で、何事も最初のスタートが肝心です。できる限り多くの方が参加できるように、会の発足にあたって発起人を集めて趣意書を出すことにしました。発起人には熊本大学法学部教授の岡田行雄先生の名前もあがっています。

　趣意書の内容は、以下のとおりです。

　　趣意書
　　　皆さまには、ご健勝の中、ご活躍のことと拝察いたします。

最近、児童精神科の臨床現場では、発達障害、不登校、うつ状態、攻撃・暴力行為、虐待等の問題で受診される子どもらが多くなっています。また、外で遊ぶよりも、室内でのゲーム、スマートフォン、パソコンなどの機械と関わる時間が増えたために、ソーシャルスキルの未熟さなど、社会性（生きる術）の低下が指摘されるようになりました。

　最近では、少年事件に、司法関係者だけでなく、医療・福祉関係者が多く関わるようになりました。そして、児童思春期医療の現場では、種々の非行事例で、その対応や処遇について苦慮しており、司法関係者も、事件を起こしてしまった子どもの理解や処遇、指導等で悩んでおります。子ども達は成長して行きますし、その間の見守りと指導が重要であり、多くの機関の方々の共通理解に裏打ちされた支援が必要です。

　司法と精神科医療・福祉の関係者との連携の必要性から、この度、熊本に「子どもの司法と精神保健・福祉を考える会（熊本）」を立ち上げることになりました。

　多くの職種の皆さまのご意見を頂きながら、勉強会を開催していく予定です。

　よろしく、ご入会のほど、お願い致します。

「子どもの司法と精神保健・福祉を考える会（熊本）」発起人
　　熊本大学法学部教授、刑事法専攻　岡田行雄
　　希望ヶ丘病院地域連携室室長、精神保健福祉士　小栁勇人
　　医療法人社団松本会、希望ヶ丘病院顧問　弟子丸元紀
　　熊本県弁護士会子どもの人権委員会委員、弁護士（元裁判官）　原村憲司
　　熊本県弁護士会子どもの人権委員会委員長、弁護士　古田哲朗
　　医療法人社団松本会、希望ヶ丘病院院長　松本武士
　　熊本県弁護士会子どもの人権委員会委員、弁護士　村田晃一
　　医療法人横田会、向陽台病院理事長　横田周三

（アイウエオ順）

　そして、広島で同年11月9日に開催される「少年司法と思春期精神医療の対話第24回懇話会」に医療側数名と弁護士数名で参加して、参考にすることにしました。

　広島での勉強会では、熊本から多数の参加者が来たとのことで、非常に歓迎

されました。そして、広島で弁護士と医療の勉強会が発足した経緯や運営方法等を学んだのです。

広島の勉強会には会則がありましたので、熊本でも会則を作成することで話を進めました。年に1回総会を開いて、メーリングリストの作成、会員の管理方法等について細かく定めました。

そして、いよいよ第1回総会と勉強会を、同年12月14日午後2時から午後5時で開催することになったのです。

第1回は、岡田教授に40分程度の基調講演もいただくことになりました。内容は、少年司法が今危機的な状態にあり、その危機を乗り越えて行くために、ケースの共有を通して専門家が連携する必要があり、この会には大きな期待がよせられているというものでした。そして、弁護側と医療側からそれぞれテーマを出して、質疑応答することになりました。

第1回の開催

12月14日、最初に第1回総会を開催し会の発足を宣言しました。その後勉強会、懇親会をおこないました。総会には24名、勉強会には27名、懇親会には15名程度の参加でした。

趣意書の効果があったのか、大変多くの専門家と児童の関係者が集まりました。そして、質疑応答では自然とたくさんの質問がとびかい、非常に興味深い内容となりました。

このようにして、「子どもの司法と精神保健・福祉を考える会（熊本）」はスタートしたのです。

運営方法

第1回の開催から、いろんな反省点が生まれました。

その中で、「先生」ではなく「さん」付けで呼び合うことが決まりました。弁護士も医者もついつい相手のことを「先生」「先生」と言ってしまうのですが、これをやめることで、医者、弁護士だけでなく福祉関係者の参加も容易にしたのです。

弟子丸先生には、医療と司法だけでなく、福祉関係者が勉強会に参加する必要性を最初から重視されておられました。だからこそ「福祉」という文言が会の名前に明確に入っているのです。

第2回目は、熊本大学のキャンパス内で勉強会を開催しています。勉強会の参加者は50人程度、懇親会の参加者は30人程度でした。
　第3回目に第2回総会も開催しました。そして、第4回目から医療と司法だけでなく福祉側からも担当者がテーマを出して、勉強会をおこなうことになりました。1回の勉強会で、三者ともテーマを出すと時間が足りないので、二者ずつ順番にテーマを出すことも決まりました。
　最初は、勉強会と勉強会の間に、発起人を中心メンバーとした反省会と準備会がそれぞれ開催されていましたが、現在では、反省会も兼ねた準備会が1回だけ開催されています。その中で、前回の反省・改善点と次回の勉強会の内容を決定しています。
　2016（平成28）年6月に第6回勉強会が開催されましたが、勉強会の参加者は53名、懇親会の参加者は33名でした。
　なお、会計についてですが、会場費やコピー代がかかるので、足りなくなったときに参加者に500円をお願いしています。会計処理については私が責任をもって総会で報告しています。現時点では、会場費はあまり必要なかったこともあり、初回の勉強会のときに500円をお願いした程度です。
　このように順調に継続して開催できているのは、最初に趣意書でこの勉強会の方向性をしっかり打ち出したからではないかと思います。趣意書があったからこそ、医療と司法だけではなく、福祉関係者も参加すべきという流れが自然と生まれました。

効果

　この勉強会の一番の効果は、子どもに関わる専門家同士（医療・福祉と司法の関係者）が、顔の見える関係になったことだと思います。
　また、司法関係者が通常使っている言葉は、医療関係者に説明が必要で、医療関係者が事例の説明で使っている専門用語は、司法関係者に分かりにくいものでした。これらの言葉の壁に気付いたことも効果のひとつです。
　さらに、勉強会を通じて、お互いに知らなかったそれぞれの活動を知ったことも効果のひとつにあげられます。
　弁護士の付添人活動の内容は、思った以上に医療・福祉関係者には知られていませんでした。短期間に色んなことをしているのだと驚かれたくらいです。
　また、弁護士側からしても、児相精神科医が子どもたちにどのように接して

いるのかを知ることで、非常に参考になっています。面会時間をしっかりと決めるだけでも、子どもが落ち着くことがあると聞き、私は今でもときどき実践しています。

そして、少年事件の付添人活動において、記録の中で精神科に入通院している記載がある場合は、遠慮なくその担当医に連絡すべきと思うようになりました。以前は、時間が足りないことや、医者というハードルの高さもあり、何となく優先順位を低くしていました。しかし、医療側にはその少年に関するたくさんの情報があり、医者側も少年の今後の審判の流れ等について情報を欲しがっているので、お互いに協力する関係にあることが明らかになったのです。

また、個人的には、お休みの土曜日の昼から夜まで、熊本における子どもの勉強会のためにたくさんの参加者がいること自体、心強く思いました。

課題

この勉強会も第6回を終えて、さまざまな課題に直面するころです。

個人的には、弁護士の参加者数が当初より減少しているので、弁護士参加者数の増加を課題としています。複雑化する社会において、弁護活動を実践するには、他の専門家との連携が欠かせません。特に、少年事件においては、今までになかったような事例が散見されており、医療・福祉関係者と早期に連携すべき事案も見られます。高岡医師が述べたように、事件が起きてから慌てて連絡をとるのではなく、日常的なつながりが必要とされているのです。

また、会としての課題は、連絡システムの構築です。例えば、会員の誰かが、子どもに関する何らかの事案に遭遇し、他の専門家の助けが必要と判断したとき、具体的にどの専門家に連絡するとよいのかが分かるシステムです。

そして、その連絡システムにより、具体的事案の早期かつ妥当な対応が実現できると、この会の存在意義がさらに高まります。当会の趣意書は、「多くの機関の方々の共通理解に裏打ちされた支援の必要性」を述べています。したがって、当会にとって、支援を実践できる連絡システムの構築は必須といえます。

最後に

最近の児童福祉法改正にも見られるように、子どもの事件に関する弁護士と他の機関の連携は、非常に重視されるようになりました。また、教育現場にお

いても、スクールロイヤー制度等で弁護士との連携を実践している地域もあります。

「子どもの司法と精神保健・福祉を考える会（熊本）」は、永い間、児童精神医療にかかわってこられた弟子丸医師の思いが、たまたまものすごく正式なルートで弁護士から連絡を受けたことで実現に向けて動き出し、やっと現実化した性格を持っています。もっとも、現在まで順調に継続していることからすると、それぞれの専門家が連携の必要性を感じていたことは明らかです。

何のきっかけでどことどのように連携する機会が現れるのかは分かりませんが、今回のようなこともあるので、今後も連携できる機会があれば、積極的に動くべきだと思うようになりました。

そして、「子どもの司法と精神保健・福祉を考える会（熊本）」が、趣意書の内容を実現できるように、今後とも会員の皆様と協力して課題に取り組んでいきます。

児童福祉との連携

小坂昌司（弁護士）

　本稿で紹介するAさんの事例は、私が付添人として担当した事件及び他の弁護士が担当した事件における支援の実例を組み合わせた架空の事例です。

ケース：Aさんの事例——審判まで

　実母から虐待を受け、3歳から児童養護施設で生活していたAさん（女子）は、中学生になった頃から、無断外泊をしたり、施設に入所している他の子どもの物を盗るなどの問題行動を起こすようになりました。

　卒業間近となった中学3年生（15歳）の2月には、夜間にたびたび施設を抜け出すようになり、そのときに援助交際をしていたことが分かったため、児童相談所は、Aさんを一時保護して指導しました。

　ところが、Aさんは指導に素直に従わず、一時保護中に職員に反抗して暴力をふるったり、保護所のガラスを故意に割るなどしたため、児童相談所は虞犯事件としてAさんを家庭裁判所に送致し、Aさんは観護措置決定を受けました。

　選任された付添人が少年鑑別所で面会したところ、Aさんは「もう一度、児童養護施設で生活したい」と希望を語りました。付添人はAさんが生活していた児童養護施設に連絡をしましたが、施設は「受け入れることはできない」と回答しました。

　付添人は、Aさんの生活場所について家庭裁判所調査官と協議しました。しかし、適当な補導委託先は見つからず、また、県内にある児童自立支援施設については、調査官が「Aさんは、もう中学も卒業する時期で、いまから児童自立支援施設に送致しても、施設で十分な支援をすることは難しい」と述べて消極的でした。

　そこで付添人は、他の弁護士や児童相談所の職員に相談して、Aさんが生活できそうな場所の情報を集め、その地域にある自立援助ホームでAさんが生活

するのがよいと考えて、ホームに連絡しました。たまたまホームには空きがあり、Aさんを受け入れる意向を示しました。

家庭裁判所は、Aさんが審判後に自立援助ホームで生活することを前提として保護観察処分にしました。

なお、Aさんの親権者であった母親は、Aさんが一時保護される前に病気で亡くなっており、Aさんには保護者がおらず、少年審判にはAさんを担当していた児童相談所の職員が出席しました。

少年司法と児童福祉

児童福祉における「要保護児童」

児童福祉法は、18歳未満の子ども（児童）のうち、「保護者のない児童又は保護者に監護させることが不適当であると認められる児童」を「要保護児童」として（同法6条の3第8項）、福祉的な措置を行う対象者としています（同法2章6節）。

要保護児童を把握した都道府県、市町村は、子どもとその家庭の状況を把握したうえで必要な支援を行います。特に専門的な関わりが必要な家庭や子どもに対しては児童相談所が支援を担当し、児童福祉法の規定に基づいた指導・援助を行います。

それでも子どもが家庭で暮らすことが難しい場合には、児童福祉施設、里親、自立援助ホームなどで子どもを生活させることになります。なお、このように、保護者のない子どもや、保護者に監護させることが適当でない子どもを公的な責任で社会的に養育し、保護することを「社会的養護」と呼びます。

非行少年と要保護児童

ところで、多くの少年事件で、非行に至る背景の一つとして家庭の養育の問題が指摘されます。特に観護措置決定を受ける子どもの場合には、ひとり親家庭や貧困家庭など，保護者自身が生活の維持に精一杯で子どもの監護が行き届かないという場合が少なくありません。また、親からの虐待の結果、子どもに考え方の歪みや心理的な不安定さが生じ、それが非行の原因となっている子どももおり、法務省の調査でも、少年院に入所した子どものうち、虐待の被害を受けた経験のある者の割合が高いことが指摘されています。

さらに、先に紹介したケースのAさんのように、もともと家庭の事情で児童

福祉施設や里親などの社会的養護の環境下で生活していたところ、そこでの生活が安定せずに非行に及んでしまう子どももいます。

つまり、少年法の定める「非行少年」（少年法3条1項）が「要保護児童」でもあるということは珍しくありません。

少年法と児童福祉法の接点

非行少年と要保護児童とが重なり合うものであることは、少年法の規定にも現れています。触法少年と14歳未満の虞犯少年については児童相談所の先議が定められており、非行のある年少の子どもに対しては、まずは児童福祉での対応が検討され、児童福祉の対応だけで更生させるのが困難な場合に少年司法のルートに乗せることになっています（少年法3条2項）。また、児童福祉法に基づく施設である、児童養護施設又は児童自立支援施設送致の保護処分が定められていたり（少年法24条1項2号）、児童相談所長送致の規定（少年法18条）が設けられているなど、家庭での生活が難しい子どもに対して、裁判所が福祉的な処分を決定できるようになっています。児童福祉法にも、要保護児童として把握した子どものうち、家庭裁判所の審判に付するのが適当な場合には家庭裁判所に送致することが定められています（27条1項4号）。

このように、少年司法制度と児童福祉制度とは密接な関係があり、法規上も両者が円滑に作用するように手当てがされています。実際にも、触法少年や虞犯少年について、児童相談所が福祉的な措置を行っても逸脱行動が解消しない場合に、家庭裁判所に送致し、少年が鑑別所で生活したり家庭裁判所が指導を行うことで子どもの行動が沈静化することがあります。また、家庭裁判所が保護処分として児童自立支援施設送致を決定した場合には、児童相談所が児童自立支援施設入所の措置を行ったうえで、その後の支援や措置解除の決定を行うこととなっており、少年司法と児童福祉の連携と適切な役割分担の下で子どもの更生が図られる場合もあります。

しかし、付添人として家庭環境にハンディを負う子どもと関わっていると、非行少年を受け入れるための児童福祉の受け皿は足りておらず、また、少年司法と児童福祉の連携にも解決すべき課題があると感じることがしばしばあります。

非行少年の暮らす場所

児童養護施設、児童自立支援施設の現状

　家庭で暮らすことができない子どもが生活する場所として、児童福祉法は乳児院、児童養護施設、児童自立支援施設、里親、里親ファミリーホーム、自立援助ホームなどを用意しています。しかし、一般的に、年長の子ども、特に非行の傾向がある子どもや、高校に通学していない子どもが生活できる場所はとても少ないのが実情です。

　社会的養護のなかで最も多くの子どもが生活している児童養護施設は、その多くが、中学校を卒業した後に高校に進学しなかったり、進学しても高校を中退した子どもの受入れには消極的です。

　児童自立支援施設は、非行傾向がある子どもを主な支援対象とする施設ですが、多くの施設で中学校を卒業した年齢の子どもへの対応体制は十分でなく、そのため、中学校卒業後の子どもや中学卒業までの期間が短い子どもの受け入れに難色を示します。家庭裁判所も、そうした児童自立支援施設の事情に配慮して、中学校の卒業が近づいている子どもや中学卒業後の子どもを児童自立支援施設送致にすることは、ほとんどありません。

　児童福祉法は、18歳までの児童の生活を保障するために、児童福祉施設の長に対して、正当な理由なく行政からの措置を拒んではならない旨を規定しています（46条の2第1項）。児童養護施設について言えば、高校に通学していないことが措置を拒む正当な理由になるとは到底考えられませんし、子どもに非行の傾向があることも、少年法が児童養護施設送致を保護処分として定めていることから考えれば受け入れを拒む理由になるとは考えられません。児童自立支援施設についても、児童福祉施設が18歳までの子どもを対象としているのですから、中学卒業後であることを理由に受け入れないことが正当化されないのは明らかです。このように、現在の運用は児童福祉法の趣旨に反するものですが、長く改善されないままになっています。

自立援助ホームと子どもシェルター

　児童福祉の制度の中で、非行少年にとって重要な役割を果たしているのが自立援助ホームです。自立援助ホームとは、児童福祉法6条の3に定める「児童自立生活援助事業」を行う住居を指し、そこでは、5、6名から十名程度まで

の子どもが共同生活を送り、ホームのスタッフが入所した子どもの相談に応じ、日常生活の援助、生活指導、就業支援などを行います（同法33条の6第1項）。自立援助ホームは、もともとは児童養護施設や里親の措置を解除された子どものうち、自立して生活することが難しい子どもが生活する場所として、施設職員などを経験した人たちが任意に始めたとりくみで、その必要性が認められて公的な制度になりました。実際には、社会的養護出身の子ども以外の子どもが入所する場合もあり、家庭で暮らすことができない年長の非行少年にとって貴重な社会資源となり得ます。

　実際にも、自立援助ホームでは、観護措置を受けたのち家庭裁判所で在宅処分となった子どもや、少年院を仮退院した保護観察中の子どもを受け入れています。自立援助ホームへの入所は、一般的には児童福祉法の規定（33条の6）に基づき、児童相談所の措置決定により行われますが、自立援助ホームが家庭裁判所の補導委託を受ける形で試験観察中の子どもが入所する場合もありますし、自立援助ホームが更生保護の制度である自立準備ホームの指定も受け、保護観察中の子どもが保護観察所経由で入所する場合もあります。

　弁護士が中心となって運営している「子どもシェルター」も、非行のある子どもの重要な生活場所になっています。子どもシェルターは、虐待等を受けて居場所のない年長の子どもを緊急に短期間保護する場所ですが、居場所のない非行少年の受け入れもしています。子どもシェルターの特徴として、入所する子ども一人ひとりに子どもの代理人的立場の弁護士（「子ども担当弁護士」）がついて、子どもの自立の手助けや、関係機関との調整を図るということがあります。後に述べる機関連携において、子ども担当弁護士が重要な役割を果たすことが期待されています。子どもシェルターも、当初は任意のとりくみとして始められたものですが、その後、自立援助ホームと同じ児童自立生活援助事業の適用を受け、公費が支給されるようになっています。

　さらに、一部の里親や里親ファミリーホーム（小規模住居型児童養育事業。児童福祉法6条の3第8項）も非行の傾向のある子どもを積極的に受け入れており、自立援助ホーム同様、家庭裁判所の補導委託を受けるところもあります。

さらなる生活場所の充実が必要

　このように、少年法の保護処分として入所することが予定されている児童養護施設や児童自立支援施設が、特に中学卒業以上の年齢の非行少年の生活場所として機能していないことや、家庭裁判所の身柄付き補導委託先が減少する傾

向にあることから、自立援助ホームや子どもシェルターなどが非行少年の生活場所として期待されます。しかし、自立援助ホームや子どもシェルターの数はまだ十分ではないうえに、児童福祉施設と比べて、その運営のために支出される公費が少額であり、自立のための支援が十分にできない点が課題です。

そして、児童福祉全体において非行少年の受け入れ先が足りないために、非行がそれほど進んでいない子どもについて、生活場所が少年院しかないという事態が生じてしまうのです。

ケース：Aさんの事例――審判以後

　Aさんは、自立援助ホームで生活を始めました。徐々にホームでの生活に慣れてきたため、ホームに入って3週間くらいしてから、職員と一緒にハローワークに行って仕事を探し、アルバイトを始めました。最初の1年間は、仕事が続かずに短時間で退職することもありましたが、その都度、ホームの職員に励まされ、また、保護観察所から紹介された就労支援事業者機構の担当者からも仕事を紹介してもらうなどの援助を受け、転職しながらも、なんとか仕事を続けました。

　また、保護者がいないAさんのために、審判の際の弁護士付添人が未成年後見人になり、借金を抱えて亡くなった母親の相続放棄の手続きをしたり、Aさんの労働契約、携帯電話契約、一人暮らしをするときの賃貸借契約の同意などをしました。

　ホームでの生活が安定してきたため、Aさんは17歳になった直後に自立援助ホームを退所し、アパートを借りて一人暮らしを始めました。

　一人暮らしを始めると、Aさんは、自立援助ホームでは沈静化していた虐待のフラッシュバックが再発するなど、精神的に不安定になりました。LINEで連絡を取り合った不特定の男性と遊ぶようになり、また、仕事も徐々に休むようになったため金銭的にも困窮してきました。

　未成年後見人は、もういちど自立援助ホームで生活するか、グループホームに入所させるのがよいと考えましたが、その時点では自立援助ホームには空きがなくなっており、適当なグループホームも見つかりませんでした。そこで、未成年後見人が児童相談所、保護観察所などと連絡を取り合いながら生活保護の申請を行い、保護決定を受けた上で精神科に受診させ、訪問看護も受けるようになりました。

その後も、児童相談所が呼びかけて、生活保護の担当職員、自立援助ホームの職員、就労支援事業者機構の関係者、未成年後見人（元付添人）、訪問看護師が1〜2カ月に1回程度の頻度で定期的な会議を行いAさんの生活を見守りました。しかし、18歳になって児童相談所が支援を終了した後は会議が開催されなくなり、それぞれの機関が個別に支援をする形になりました。

非行少年に対する福祉的措置の必要性

更生における福祉の役割

　前記のとおり、触法少年や14歳未満の虞犯少年に対しては、まずは福祉的な対応を検討し、それでは更生が難しいと判断される場合に家庭裁判所の審判に付することが少年法に定められています。

　14歳以上の犯罪少年の場合は、全件送致主義により少年司法による対応がなされますが、そうした少年についても福祉的な措置が有効である場合は少なくありません。家裁送致された虞犯少年についても同様です。

　本事例のAさんの場合も、Aさんの更生のためには、Aさんが事件を反省して考え方を変えることに加え、Aさんの心理面と生活を安定させることがとても重要です。そもそも、心理面や生活面が安定していないのに、事件を反省することは困難です。つまり、家庭に困難を抱え保護者の適切な監護が受けられない年長の子どもの場合、更生の前提として、大人として自立することに向けた支援が必要とされます。

　その際、生活場所を確保したり、心理面の安定を図ったり、就労に繋げて生活を安定させるための資源やスキルは、更生保護の機関よりも、心理判定機能を備える児童相談所や就労支援の経験が豊富な自立援助ホームなどの福祉機関のほうが充実している部分も多いと言えます。従って、要保護児童でもある非行少年に対しては、福祉機関の積極的な関与が求められます。

福祉的措置を求めた例

　ところが、実際には、家庭裁判所の審判にかけられる少年については、児童福祉施設送致の保護処分決定がなされたり、児童相談所長送致の決定がなされる場合を除くと、福祉的措置の対象外と扱われているように感じます。それまで児童相談所が関わっていた子どもについても、審判で保護観察や少年院送致の決定がなされると、児童相談所は関わりをやめてしまう場合が少なくありま

せん。

　しかし、保護観察や少年院送致となった少年も「要保護児童」である限り、児童福祉の対象から外される根拠はありません。上記のような扱いは、必要な福祉的措置を放棄していると言ってよいのではないでしょうか。

　この点については、児童相談所などの福祉機関に対して働きかけをしていく必要があります。

　私が付添人をしたB君は、里親ファミリーホームで生活していた15歳のときに事件を起こしました。B君は、観護措置を経て保護観察処分を受けたのですが、その後、それまで生活していた里親ファミリーホームでの生活が他の子どもとの関係で難しくなり、里親ファミリーホームを出て一人暮らしを始めることになりました。ファミリーホームへの措置を解除する時点で児童相談所がB君への関与を終了させるつもりであるとわかったため、私は児童相談所に対して、「少年は要保護児童であるので、少年に対して児童福祉法27条1項2号の『児童福祉司指導』を行うべきである」と文書で要請し、結果として同号の措置がとられました。その後、保護司の面接に加えて、児童相談所職員が定期的にB君の自宅を訪れて相談に乗ることで、B君の生活の安定につながった例があります。

　また、同じく私が付添人をした少年（C君）は、16歳で少年院を仮退院して更生保護施設に入所したものの、周囲が大人ばかりの施設での生活に馴染めずに規則違反を繰り返し、施設を半ば追い出されたため生活場所がなくなりました。私が児童相談所に一時保護を要請した結果、C君は一時保護されました。

各機関の連携の必要性と連携における課題

連携の必要性

　繰り返しになりますが、家庭裁判所の審判を受けた少年であっても福祉的措置の対象から外される理由はなく、必要に応じて福祉機関が積極的な支援をするべきです。

　もっとも、複数の機関が子どもの支援に関わる場合には、機関の連携が必要です。例えば、保護観察中の少年に対しては、保護観察官や保護司が少年の更生のために様々な関わりを行うのですから、別の機関である児童相談所などが独自に支援を行っても効果的な支援になりませんし、逆に保護観察に支障が生じることもありえます。そこで、ケース会議などを開いて、支援の方向性と各

機関等の役割分担を協議しておくことが求められます。

　私が担当した案件でも、Aさんの事例に挙げたように、自立援助ホームを退所して一人暮らしを始めた子どもに対して、児童相談所、自立援助ホーム職員、元付添人、生活保護課、就労支援事業者機構、訪問看護師が約8カ月にわたり、おおむね2カ月に1回のペースでケース会議を開き、連携して少年の支援をしたことがありました。

　保護観察になった子どもに児童福祉司指導がなされたB君の件でも、私から保護観察官と児童福祉司に連絡をとり、三者で協議する場を設定しました。

情報共有と要保護児童対策地域協議会の活用

　機関連携の際には、各機関が持っている少年の情報をどこまで共有できるのかが問題になります。情報の共有ができなければ、実効性のある連携はできません。例えば、幼少の頃から児童福祉の対象となっている子どもに関しては、福祉機関が長期間にわたって子どもと家族を支援することで得られた情報を持っており、そうした情報は、子どもを理解し、適切な支援をするための有益な資料になります。もちろん、少年事件の中でも家庭裁判所調査官が成育歴などを調査しますが、児童福祉機関が持つ情報と、鑑別結果や調査官調査の結果と照らし合わせることで、子どもの理解をより深めることができるはずです。また、少年審判における鑑別・調査で得られる結果は、少年院や保護観察所の処遇だけでなく、福祉機関の支援にも役立つものであることも間違いありません。

　このような情報の共有について少年の同意が得られればよいのですが、同意がない場合には情報共有の根拠がなく情報を出し合うことが制限されます。

　この点について、児童福祉の制度である要保護児童対策地域協議会の活用が考えられます。この協議会は、保護が必要な子どもとその家庭に対して、福祉、教育、医療などの多機関・他職種が連携しながら支援をするために制度化された支援ネットワークです（児童福祉法25条の2）。この協議会の参加者は守秘義務を負うため、情報共有がスムーズに行われるというメリットがあります。現状では、少年審判を受けた子どもが協議会の支援対象とされることは少なく、保護観察所や保護司がこの協議会の構成員となっている例も少数だと思われます。しかし、少年司法、矯正、更生保護の機関がこの協議会に参加し、非行少年の更生に向けた支援においても協議会の制度を活用することは十分に考えられます。ちなみに、場面は異なりますが、2014（平成26）年に長崎県佐世

市で発生した高校生による同級生殺人事件を検証した結果として、「高校生を診察した精神科医から『高校生が犯罪に及ぶ可能性がある』との相談を受けた児童相談所は、同協議会の活用などを行って高校生を支援するべきであった」との指摘がなされています。

年齢の壁

　非行少年支援の多機関ネットワークを機能させるにあたってのもう一つの課題は、子どもの年齢の問題です。もともと、児童福祉の対象となるのは原則として18歳までの子どもとされていて、18歳を過ぎると、児童福祉施設や里親への措置が延長されている場合や、自立援助ホームに入所している場合を除くと、児童福祉の支援対象から外れてしまいます。Aさんの事例でも、Aさんが18歳になって児童相談所が支援を終了した後は、中心となってコーディネートをする機関がなくなってしまい、各機関が連絡を取り合って支援することがなくなりました。

　もともと家庭で十分な養育を受けられず、加えて非行の課題を抱えた子どもが、18歳になったからといってすぐに自立した生活を送ることは容易ではなく、その後も引き続き福祉的な面での支援が不可欠です。

　これは、非行の問題を持つ子どもに限らず、児童福祉の対象となる子ども一般に言えることですが、年齢の壁によって支援が途切れることがないように、例えば、地域生活定着促進事業、若者向けの就労支援事業、社会的養護出身者を対象とした退所児童等アフターケア事業などといった、成人まで対象とする他の事業との連携が図られるような工夫が必要です。

関係者の意識を変える

　こうした制度上の課題と合わせて、支援者の意識が連携を阻む場合もあります。特に、少年司法及び更生保護の活動と福祉活動は異質なもので、互いに他の分野には踏み込むのに消極的になる傾向があると思います。

　しかし、どの機関の関係者も、養育問題と非行との間に密接な関係があること、そして、家庭に困難を抱えている非行少年の更生を単独の機関だけ支援していくのが容易でないことは認識しているはずです。なにより子どもにとっては、制度の違いを超えて効果的な支援を受けることが更生と自立のために大きな力になり、成人になってからも犯罪を繰り返すような生活を送らずに済むことにつながります。

仕組みの問題を改善するとともに、関係者が他機関のとりくみに関心を持ち、それぞれの守備範囲にとどまらず、一歩踏み込んだ関わりをする意識を持つことが必要だと思います。

　その点で弁護士は、制度のしばりを感じることなく比較的自由に活動できますし、純粋に子どもの立場で動きやすい職種だと思います。最近では、付添人をした弁護士が審判後も子どもの更生に関わる例が増えてきました。日本弁護士連合会が日本司法支援センター（法テラス）に委託して実施されている「子どもに対する法律援助制度」を利用することにより、弁護士のこうした活動に対して一定の要件の下で経済的給付がされる仕組みもあります。弁護士として、子どもに関する様々な施策や各機関のとりくみをより理解するように努め、連携に向けて機関をつなぐ役割を果たしていきたいと思います。

少年司法における福祉機関との連携の在り方
障がいのある少年の事例を中心に

岡田行雄（熊本大学教授）

福祉機関と刑事司法との連携に対するイメージ

福祉機関への良いイメージ
　この本を読み進めてこられた皆さんの中には、高齢者福祉、障がい者福祉、児童福祉などの領域で休むことなく機能している福祉機関に対して、さらに言えば、社会福祉そのものに対して、困っている人たちを助けたり、サービスを提供したりするものという良いイメージをお持ちの方がたくさんいらっしゃると思います。

先行する刑事司法と福祉機関との連携──入口支援と出口支援
　ところで、既に小坂弁護士からご紹介いただいた事例のように、一定の少年事件においては、弁護士付添人と児童福祉機関とが連携することが念頭に置かれています。他方、障がいのある少年についても、障がい者福祉に携わる諸機関との連携が考えられるべき時期に来ています。実際、成人の場合は、いわゆる入口支援ないし出口支援という形で高齢者福祉や障害者福祉を担う福祉機関と刑事司法の担い手との連携が進められているのです。
　この入口支援というのは、例えば、高齢者や障がい者が捜査機関に逮捕されたなどの刑事手続の入口段階から行われる福祉的支援のことを指します。そして、出口支援というのは、刑事施設に収容されている高齢者や障がい者が仮釈放や満期釈放という形で社会に出る、刑事手続に含まれる刑の執行の出口段階で行われる福祉的支援のことを指します。
　入口支援や出口支援が行われるようになったそもそもの背景には、刑事施設に収容されている受刑者の中には、少額の万引きなどを繰り返したために、何度も入口と出口の間を行き来する高齢者や障がい者が多数いることが明らかになるとともに[1]、そうした人たちには、刑事手続や刑罰による対応よりも社会

福祉機関による福祉的支援が必要であると認識されるようになったことが挙げられています。

それでは、入口支援や出口支援では、福祉機関と刑事司法の担い手との間でどのような連携が取られ、そして、実際にどのような支援が行われているのでしょうか？

例えば、政府の犯罪対策閣僚会議が2008年12月に策定した「犯罪に強い社会の実現のための行動計画2008」において、当道府県の圏域ごとに1カ所設置することと記された、地域生活定着支援センターという機関が、その後全国に置かれて、この入口支援や出口支援を担っています。もっとも、この全国に展開されている地域生活定着支援センターと一口に言っても多様なものです。そこで、全国に先駆けて設置された長崎県のそれを例にとって、入口支援や出口支援の実際を見てみることにしましょう。

長崎県の地域生活定着支援センター[2]は、当初、逮捕されたりした障がい者について検察庁から照会があったり、弁護人などから相談があった場合に、その中に設置された、弁護士、医師、児童相談所職員、福祉専門職で構成される障がい者審査委員会のメンバーが対象となった被疑者と面談して情報を収集し、対象者についての「フェイスシート」等の資料を作成し、社会福祉施設や更生保護施設などで対象者を受け入れられるかについて施設側と調整を行います。こうして、施設側での対象者の受け入れが確約されれば、更生支援計画書などが作成されて、それが検察官による起訴・不起訴判断の根拠とされる形で入口支援がなされていました[3]。他方、出口支援としては、刑事施設に収容されている障がい者や高齢者に対する、刑事施設を出た後の帰住先の調整や障害者手帳の取得に向けた調整、あるいは、それらの者が刑事施設から出た後の福祉サービス等の利用に関して、本人または関係者からの相談に応じた助言その他必要な支援などが行われてきました。

刑事司法と福祉機関との連携に対するイメージ

これらの支援を、社会福祉を専門としない、捜査機関に属する警察官や検察官、弁護人、あるいは、刑事施設の職員が行うことはなかなか難しいものです。例えば、障害者手帳の取得に向けた調整を行うには、障害者福祉やその手続に関する専門的な知識が必要不可欠だからです。

従って、福祉機関に属する社会福祉の専門性を有した職員が、刑事司法の担い手と連携しながら、その専門性を活かしたサービスを、様々な障がいで困っ

ている被疑者などに提供することによって、不必要な刑罰が避けられるのですから、この刑事司法と福祉機関との連携に対して、皆さんがお持ちになるイメージはとても良いものであろうと思います。

福祉機関の担い手から提案されている少年司法における連携

少年司法における入口支援

　このような刑事司法と福祉機関が連携して行われるようになった入口支援を、例えば、発達障がいのある少年の事件に際して、福祉機関と家庭裁判所が連携することによって少年司法にも導入しようという提案もなされるようになりました。社会福祉法人に所属している原田和明さんによるものが、それです。そこで、次に、原田さんの論考を手がかりに、そこでの提案内容を見てみようと思います[4]。

　それによると、まず、発達障がいがある少年に限らず、障がいがある者が刑事事件の疑いをかけられる場合、困難事例であることが多いので、チームを組んで、障がいのある少年が捜査の対象となったできるだけ早い時期から処分後まで切れ目なくチームによる支援を続けていく必要性が説かれます。そのチームのメンバーとして、必須な者としては、障がいのある子どもを対象とする相談支援事業所のソーシャルワーカー、障がいに対して理解のある弁護士、サービスの支給決定機関となる帰住地の行政機関の職員が挙げられ、このメンバーに、適宜、児童相談所や発達障害支援センターの職員、精神科医などが加わり、段階に応じて、チームのメンバーが変わることの必要性も説かれています。

　次に、捜査段階での連携としては、発達障がいのある少年が、コミュニケーションに困難があって事実と異なる供述をしたり、あるいは、学習障がいも伴って、言葉を適切に使えずにコミュニケーションが取れない場合もありますが、こうした供述特性が必ずしも捜査機関の側には理解されていないので、福祉専門職と弁護士とが協働して、警察に働きかけたり、検察官に申出を行うことなどが挙げられています。

　そして、家庭裁判所に事件が送致されてからの段階では、社会福祉士や精神保健福祉士といった福祉専門職の者も付添人として選任され、そうした付添人が、その専門性を活かして、非行の背景、当該少年のニーズやそれに対しての解決手段、再非行（再犯）防止のための福祉的支援のあり方や方向性等を書き

表した支援計画書を家庭裁判所に提出することを通した、福祉機関と少年司法との連携が提案されています。

実は、こうした提案が出る以前の段階では、ある家庭裁判所調査官（以下調査官）から、福祉機関との情報交換を進める形での連携の在り方が示されたことがありますが、こうした提案は、家庭裁判所の側からのものよりも一歩も二歩も踏み込んだ連携の在り方を示すものと言えます。そして、こうした提案は、その調査官からも好意的に受け止められているようです[5]。

強調される再犯防止

しかし、こうした提案には、私達が注意しなければならない点があると思います。それは、原田さんが、捜査機関や家庭裁判所と福祉機関との連携を、障がいのある成人や高齢者の場合と同様に、はっきりと、再犯防止のためのものであると位置づけている点です。

そのため、再非行（再犯）しないで済む方法があるにもかかわらず、その方法をとることに導かないことによって、結果として再非行（再犯）に至らせることは、少年の権利擁護の観点から極めて問題だというのです。つまり、再非行防止は「本人のため」だということになります。したがって、ある福祉施設を利用して、障がいのある少年の支援を行おうと計画する時に、少年本人がその利用を嫌がる場合には、少年の意思とは相反していても、チームの支援者たちが、「本人のために」「極めてアグレッシブにかかわり」、少年の「自己決定が計画された方向に向くように強く促していくことが必要」だと指摘されるのです。

福祉機関の担い手も、少年司法との連携にあたっては、まず再非行（再犯）防止が最重視されねばならないのでしょうか？　仮にそうだとしたら、障がいやそれに起因する様々な困難を抱えた少年からは、自分が望むサービスが提供されるよう努めてくれると信頼した福祉機関の担い手から、思わぬ強い圧力を感じることになりはしないでしょうか？

弁護士から寄せられる疑問の声

連携は再犯防止のためか？

上で見たような司法と福祉の連携に疑問の声を上げた弁護士もいます。大杉光子さんです[6]。

まず、大杉さんは、司法の担い手の1人である弁護士が福祉機関と連携するのは、あくまで本人の利益のために、本人の希望にできるだけ沿った形で、経済的、社会的、精神的、そして人間関係的にも社会内での生活を再建するためだと指摘します。従って、大杉さんによれば、福祉との連携によって刑事手続が早く終わったとしても、その後に強制入院や施設入所となって社会から隔離されるのであれば、本人にとって利益でない可能性に注意しなければならないのです。

　そして、再犯防止は、あくまで治安維持や社会防衛の一つである以上、社会の要請であって、必然的に、障がい者本人の自由や人権と緊張関係を持ちます。再犯防止が第一になると、福祉や医療の名の下に本人の自由や人権が無限に制限されたり剥奪されたりすることになりかねません。現実に、医療や福祉が、司法との連携を通して、司法の一部を担わせられつつあるとの危惧も表明されています。

福祉は何のためのものか？

　さらに、大杉さんは、「本人のために」再犯防止が必要であるとする考え方にも批判を向けます。確かに、再犯をしないことは本人にとってよいことでしょう。しかし、大杉さんによれば、本人にとって、再犯をしないことが人生の目的だったり生きることの意味だったりするわけがないのです。他者が、「本人のため」と称して、再犯しないことを押しつけ、本人の意思を無視して自由を制約するのはおかしな話でしょう。

　しかも、福祉は人によっては死ぬまで必要なものでもあります。そうすると、福祉が再犯防止とセットになると、死ぬまで再犯防止の圧力にさらされ続けることになるのです。大杉さんによれば、もともと、福祉は再犯防止のためのものではなく、本人の幸せやよりよい生活のためのものであるはずなのです。

福祉機関に潜むパターナリズム

福祉機関に潜むパターナリズム

　福祉に対して良いイメージをお持ちの方々は多いと思います。しかし、私自身は、大学の社会福祉学部に身を置いた時に、学生たちが参加した社会福祉の現場実習に際して、お世話になった福祉施設をいくつも参観させていただく中で、本当にこれが良いことなのだろうかと疑問に思ったことがたびたびありま

した。例えば、大規模な障害者施設ほど、人里離れた山奥にあり、そこに措置されている障がい者は、私には社会から隔離されている人に見えたのです。障がいのある方々にとって、隔離された生活が本当に幸せなのか疑問に思い、施設職員の方にお尋ねすると、「それが障害者本人にとって、幸せであり、良いことなんですよ」という趣旨の答えがたびたび返ってきました。

先ほど引用した、大杉さんの論考でも、福祉や医療には、歴史的にはパターナリズムが広く浸透していて、しばしば「本人のために」という名の下に、本人の意向を無視して、まわりの専門家が考える「本人の利益」を優先し、本人が望まないことが押し付けられてきた旨の指摘があります。

罪を犯した障害者の意思は尊重されるか？

確かに、そうしたパターナリズムが浸透していた福祉の在り方は、障がい者本人、そして、その支援者から批判されるようになりました。また、社会福祉の在り方を、「措置から契約へ」という方向に進めようとする厚生労働省の側からも、そうしたパターナリズムは問題視されるようになりました。社会福祉法の立法もあいまって、障がい者本人が、社会福祉の現場においても、利用者と呼ばれるようになり、本人の意向確認が重視されるようになっています。

しかし、こと罪を犯した障がい者に対しては、かつてと変わらぬパターナリズムが全面に出ているように見受けられます。最初に紹介した、原田さんの考え方に典型的に現れているのではないでしょうか。もしかすると、罪を犯した障がい者には、個人責任が追及されねばならない、より強い改善が必要な者という考え方が背後にあるのかもしれません[7]。仮に、そうだとするならば、罪を犯した障がい者には、福祉の担い手が決めた「本人のため」という根拠で、本人が望まない福祉施設への長期間の収容や、そこでの訓練が押し付けられるというパターナリズムが全面に出る危険性があると言わなければなりません。

少年事件における福祉機関との連携への危惧

少年事件における福祉機関との連携の重要性

確かに、障がいのある少年が非行を疑われたときに、その少年の障がいを適切に理解することは、少年司法に関わる者にとっても、極めて重要で、必要不可欠なことです。さらに言えば、現実に事件の疑いをかけられる少年の場合、障がいがあるにせよ、それはあからさまなものではなく、障害基準のボーダー

ライン上にあるような場合が少なくありません[8]。なおさら、障害者福祉の専門家との連携を通して、その支援を得ることが、少年司法を適切に運営するためには必要不可欠だと言えます。

刑事司法と福祉機関の連携を少年司法にスライドさせてよいか？

　しかし、例えば、原田さんが主張しておられるように、刑事司法と福祉機関との連携によって実現している入口支援を、単純に少年司法の領域にスライドさせてよいのでしょうか？

　再非行防止に最も重点を置いて、少年に対する入口支援が行われ、例えば、ある障害者施設に入所し、そこで様々な訓練を受けることが必要であるとの支援計画書が家庭裁判所に提出され、家庭裁判所が、それに基づいて、実際にその施設に入所することを条件として保護観察決定を行うことは、確かに、少年院送致が避けられるという点で、より良いものと言えるのかもしれません。

　しかし、その支援計画書が作成されるにあたって、弁護士を含む福祉専門職などのチームのメンバーが、良く言えば、強く働きかけ、悪く言えば、よってたかって少年を説得して、少年のその施設には行きたくないという気持ちを捻じ曲げることがあって良いのでしょうか？　これこそパターナリズムの典型でしょう。再犯防止を目的とした福祉機関との連携という美名の下に、このようなパターナリズムが少年司法に蔓延することが危惧されます。

　事実上、このようにして障害者施設に長期間入所させられることが、何よりも少年の自由への侵害と言えます。日本国憲法や子どもの権利条約の観点からは見過ごせない問題です。しかも、入所させられる場所が福祉施設であるために、これが、少年院とは比べられないほど長期の収容に至る危険性も小さくありません。

　さらには、少年の場合、障がいがあるといえども、さらなる成長発達の無限の可能性が秘められていますので、福祉施設に長期間収容されることによって、社会の中での成長発達のチャンスが失われてしまえば、それは、子どもの権利条約で保障されている少年の成長発達権の侵害とも言えます。

　まして、支援チームのメンバーが、少年に強く働きかけることが、少年の意見表明を一方的に抑圧するものとなるのであれば、子どもの権利条約で保障されるべき、少年の手続参加の権利も侵害されますし、そうした抑圧は、少年の成長発達に良くない影響を与えることも懸念されます。

　このように、刑事司法と福祉機関との連携において採られている方法を、そ

のまま少年司法にスライドさせて導入することは、日本国憲法のみならず、子どもの権利条約の観点からも妥当とは思われません。

弁護士付添人と福祉機関とのあるべき連携

上位規範の要請

　それでは、少年司法において、福祉機関との連携はどのようにあるべきでしょうか。まず、弁護士付添人との連携の在り方から検討してみたいと思います。

　この場合、少年法は弁護士付添人と福祉機関との連携について細かな定めをおいているわけではありませんから、さらに遡って、少年法よりも上位の規範に照らして検討を加える必要があります。

　そこで、まず重要となるのは、上で取り上げた日本国憲法や子どもの権利条約です。例えば、福祉機関の専門職の方と連携するにしても、それは、少年の成長発達を保障するためのものでなければなりませんし、同時に、少年の意見表明権を保障し、少年司法手続における少年の手続参加を進めるものでなければなりません。こうした要請は、憲法の幸福追求権保障や適正手続保障からも帰結されます。少年法における非行ある少年の健全育成もこれらの諸権利が保障された上で実現されるべきものなのです。

　さらに、注意しなければならないものは、障がい者の権利条約の要請です。障害者の権利条約は、障害を個人の問題であり、病気・外傷等から直接に生じるものと捉える医学モデルではなく、障がいを社会によって作られた問題とみなし、その多くが社会環境によって作り出されるものと捉える社会モデルに基づいて定義しています[9]。そして、締約国に対して、そうした意味での障がいによる差別を禁止し、合理的配慮が提供されることを確保するためのすべての適当な措置をとることを義務付けているのです。例えば、発達障がいがある少年に対して弁護士付添人が福祉機関と連携しながら行う支援は、その少年の成長発達を保障するためのものでなければならないのと同時に、差別を解消するための合理的配慮でなければならないのです。

弁護士付添人と福祉機関との連携の在り方

　そこで、以上で触れた上位規範からの要請を踏まえて、弁護士付添人と福祉機関が少年司法の枠組みの中でどのような連携を取るべきかを、考えてみたいと思います。

まず、福祉サービスのニーズがある少年の弁護士付添人としては、そのニーズに合ったサービスを提供できる福祉機関と連携する必要があります。もちろん、その福祉機関は、例えば、障がいがある少年の場合、当該障がいを社会モデルによって把握し、合理的配慮を行えるところでなければなりません。福祉機関そのものがパターナリズムに支配されているのであれば、そのような福祉機関と連携することは適切とは思われません。

　次に、この連携は、当該少年の成長発達のためなのですから、弁護士付添人が福祉機関に属する専門職の方から、当該少年が困っていること、即ち、ニーズに関する情報を得ることが必要になります。もちろん、専門職の方に、弁護士付添人が把握している、少年を取り巻く状況などに関する情報を提供し、ニーズを分析してもらうことも必要となる場合があるでしょう。

　そして、当該少年の福祉上のニーズを充足するために必要な段取りを、弁護士付添人と福祉専門職とが手を取り合って、組んでいくことが重要になります。実際の社会福祉領域における給付は、行政機関の判断によるものが多いのが現実です。原田さんが指摘しているように、こうした行政機関の職員も含めたチームを組んで、当該少年の支援を行うことが必要な場面も少なくないと思います。場合によっては、このチームのメンバーを拡大していくことも必要でしょう。

　こうした連携において、弁護士付添人には、福祉専門職や行政機関に属する職員が、少年の成長発達のために働くにあたって、法律上必要な手続などがあれば、法曹として法的な助言を行い、スムーズに動けるようにしておくことも求められます。例えば、必要に応じて、そうした福祉専門職の方などを家庭裁判所に付添人として選任してもらうような手続を取ることなどが考えられます。

　最後に、弁護士付添人が審判に向けて作成する意見書にも、福祉機関との連携の成果は盛り込まれるでしょうが、それで連携が終わるということでは必ずしもありません。例えば、試験観察決定がなされる場合、この試験観察にも連携の成果が活用されるべきです。

弁護士が取り組むべきこと

　しかし、上で挙げたような福祉機関とのあるべき連携を実現させていく前に、弁護士が取り組まねばならないことも多いと言わざるをえません。

　まず、福祉機関との連携は、とりわけコミュニケーションなどにも障がいが

ある少年の場合、できる限り早期に取られる必要があります。そこで、重要となるのは、弁護士が、逮捕直後の少年と接見して、少年と対話したときに「あれっ」と感じる感性を磨くことです。こうした感性を磨けないまま、弁護士が少年とのコミュニケーションに何かおかしさを感じることが遅くなるほど、残念ながら、捜査機関によって、少年の意に沿わない調書が作成されてしまい、それが非行事実認定を左右してしまうという危険性が大きくなってしまいます。

　次に、少年とのやりとりを通して、少年に障がいなどの福祉的サービスの必要性が明らかになった場合に、連携相手となる適切な福祉機関を見つけ出すことが重要になります。そのためには、パターナリズムが排除され、利用者の意思を十分に尊重する様々な福祉機関を弁護士が予め把握しておくことが必要です。さらに言えば、そうした福祉機関の担い手たちと日常的なやりとりができる関係が構築されていることが理想的です。もちろん、個々の弁護士にここまでの取組みを求めることは現実的ではありません。そこで、少なくとも、各弁護士会の子どもの権利委員会など、少年関係の委員会で、こうした福祉機関とその担い手のリストが作成される必要があります。もっとも、パターナリズムに染まっていて、「本人のため」と称して施設などの都合を利用者に押し付ける福祉機関も少なくないと思われます。そこで、福祉機関にまとわりついたパターナリズムを取り除き、日本国憲法、子ども権利条約、障がい者の権利条約の精神を福祉機関に根付かせていく、あるいは、そうした方向に向けた福祉機関内での改革を支援していく取り組みを、個々の弁護士だけでなく、弁護士会レベルで行っていくことも重要です。

　ところで、福祉機関との連携においてだけではなく、他の機関との連携においても、注意が必要なことは、少年に関する情報の扱いでしょう。少年にとって重要なプライバシー情報を福祉機関と共有しなければならないときは、そうした情報の共有について、予め少年を含む関係者に同意を取りつけておくことなど、後日法的な問題を生じさせないような手当てを行うことも連携にあたって取り組まねばならないことの一つと言えます。

　最後に、弁護士と福祉機関との連携は、当該少年に対する家庭裁判所による保護処分決定などの終局決定後に、弁護士が付添人の任務から離れてからも続けられるべき場合もありえます。しかし、そこでの弁護士の活動に金銭的な手当がないというのでは、どの弁護士も、終局決定後の福祉機関との連携には二の足を踏まざるをえません。そこで、終局決定後にも非行少年の成長発達に向

けた活動が弁護士に求められる場合には、そうした活動にも金銭的な手当がなされるような取り組みが求められていると言えます。

家庭裁判所と福祉機関とのあるべき連携

家庭裁判所と福祉機関との連携の法的根拠

それでは、少年司法における福祉機関との連携にあたって、家庭裁判所に求められることは何かを考えてみたいと思います。

家庭裁判所は、少年法16条2項に基づいて、公務所や公私の団体に必要な協力を求めることができます。この規定を根拠として、家庭裁判所は適切な福祉機関に協力を求めることができるわけです。この協力は、家庭裁判所の職務に関するものですから、家庭裁判所が、例えば、障がいのある少年の事件を受理してから、調査・審判を行い、終局決定を行った後に、少年審判規則38条に基づいて裁判官や調査官が少年の動向視察を行う場合にまで、福祉機関に協力を求める形で連携を取ることができます。

社会モデルで障がいを捉えること

ところで、障がい者の権利条約からは、障がいを社会モデルで捉えることが要請されます。しかし、裁判官だけでなく調査官の多くも、障がいは医師の診断によって決まるものであって、医師が医学的な意味での障がいに該当しないと診断すれば、少年には障がいはないと捉える医学モデルを当然の前提にしているように見受けられます。実際に、原田さんの論考においても、医学モデルの方が裁判所にとっても理解しやすいことが前提とされています[10]。

そこで、家庭裁判所には、まず、障がい者の権利条約に基づき、こうした医学モデルに拠るのではなく、当該少年の置かれた状況をも丹念に調査した上で、社会モデルに基づいて、その少年の障がいを捉えようとすることが求められます。

家庭裁判所が連携の相手方とするべき福祉機関は？

その上で、重要となるのは、弁護士付添人の場合と同じく、いかに適切な福祉機関、言い換えると、パターナリズムに染まっていない福祉機関に協力を求めることができるかということになります。

それでは個々の家庭裁判所が、適切な福祉機関を知悉しているでしょうか？

この点、どうしても疑問を拭えません。そもそも、この協力規定を福祉機関との連携に関連して、実のあるものにしていくためには、ケースに応じた適切な福祉機関のリストを家庭裁判所側が作り上げておく必要があります。しかも、そのリストは常に更新され、アップトゥーデートなものとなっていなければならないはずです。しかし、福祉機関との連携を実際に担う調査官は頻繁に転勤を繰り返します[11]。たとえ、前任者が、適切な福祉機関に関するリストを作ったとしても、それが常に最新の情報を掲載するものとなっている保障はないのです。

そうだとすると、家庭裁判所が協力を求めた福祉機関がパターナリズムに染まっており、「本人のため」という美名の下に、少年にとって不要な人権制約を行うことが危惧されます。家庭裁判所は、パターナリズムに染まった福祉機関に協力を求めることによって、不要な人権制約の加担者となりかねないのです。このような事態を招くことは避けられねばなりません。

家庭裁判所と弁護士付添人との連携の必要性

本来、不適切な福祉機関と家庭裁判所との連携を避けるためには、日本国憲法、子どもの権利条約、そして障がい者の権利条約の精神をあらゆる福祉機関に根付かせていくことが当然のことです。しかし、それが実現していない現状では、セカンドベストとして、適切な福祉機関を事前に家庭裁判所が把握しておく必要がありますが、それを把握する能力があるはずの調査官が転勤を繰り返すために、その把握が必ずしも実現しているわけではありません。

このような現状を前提した上で、家庭裁判所と適切な福祉機関との連携を実現するためには、少年が家裁に送致される前の段階から、適切な福祉機関を見出し、そこと連携してきた弁護士付添人から、連携すべき当該福祉機関を紹介してもらうことこそ一つの打開策と考えられます。あるいは、既に触れた弁護士付添人が適切な福祉機関と日常的なコンタクトを持っていたり、単位弁護士会レベルで適切な福祉機関に関するリストが用意されていたりする場合には、弁護士付添人から家庭裁判所に対して適切な福祉機関を紹介してもらうことも、選択肢の一つと言えます。

従って、家庭裁判所が適切な福祉機関に協力を求めることを通して連携するためには、家庭裁判所の現状を踏まえると、少年の弁護士付添人と連携することが必要とならざるをえないのです。そして、弁護士付添人との連携を効果的なものとするためには、家庭裁判所に属する担い手と弁護士との間で日常的な

交流が継続するような取り組みを家庭裁判所の側からも行う必要があります。

処遇勧告の活用

　上で述べたような方法によって、例えば、障がいのある少年の事件を家庭裁判所が受理した場合、適切な福祉機関の力を家庭裁判所が借りて、当該少年に対する調査や審判を、当該少年の成長発達と合理的な配慮を実現させるものにすることが可能のように思われます。

　さらに、家庭裁判所は、調査・審判・動向視察の際に、適切な福祉機関の協力を求めるだけでなく、保護処分決定に際しての処遇勧告を使うことによって、非行少年の処遇段階においても、処遇に携わる機関と適切な福祉機関との連携をスムーズに実現させることもできます[12]。適切な福祉機関による切れ目のない援助を通して、障がいある少年の成長発達や当該少年への合理的配慮を実現することは、家庭裁判所による適切な職権の行使によって可能となるのです。家庭裁判所による創意工夫が期待されています。

1　元国会議員が刑務所に収容されたときの体験を通して、受刑者の中に重い障がいを抱えた人が少なくないことの問題性を社会に訴えたことがきっかけでした。山本譲司『獄窓記』（ポプラ社、2003年）参照。
2　当初は、南高愛隣会という社会福祉法人によって開設されましたが、その後、「生き生きネットワーク・長崎」というNPOに、その移管され運営されているとのことです。伊豆丸剛史「刑事司法と福祉の連携に関する現状と課題について」犯罪社会学研究39号（2014年）24頁参照。
3　その後、入口支援については、長崎司法福祉支援センターに引き継がれ、新たに精神科医もメンバーに加えられたそうです。伊豆丸・前掲注2論文30頁参照。
4　原田和明「発達障害のある少年を中心とした福祉と刑事司法の連携」浜井浩一＝村井敏邦『発達障害と司法』（現代人文社、2010年）200頁以下参照。
5　石岡一郎「家庭裁判所と社会福祉——福祉的援助の実情と福祉機関との連携」犯罪と非行167号（2011年）70～71頁参照。
6　大杉光子「『司法と福祉の連携』における弁護士の立ち位置」季刊刑事弁護85号（2016年）72頁以下参照。
7　このような考え方が背後にありうることについては、内田博文「社会モデルと更生保護」神戸学院法学43巻3号（2014年）89頁参照。
8　廣田邦義さんは、ボーダーライン上の障がいのある少年ほど、普通学級で授業内容が

理解できない、あるいは親がその障がいを理解していないために子どもの不可思議な行動にイライラして虐待被害を受けやすくなるなどの困難を抱えており、それが非行などの問題行動に結びつきやすいと指摘しています。岡田行雄ほか「少年の成長発達可能性を発見する社会調査のあり方――『境界域にある障がい』を抱えた少年の事例を中心に」司法福祉学研究14号（2014年）199頁参照。

9 　長瀬修ほか『障害者の権利条約と日本――概要と展望〔増補改訂〕』（生活書院、2012年）38頁以下参照。

10　原田・前掲注4論文203頁参照。

11　調査官の頻繁な転勤政策は、1970年代に確立し、現在に至るも継続しており、家庭裁判所調査官が地域に根付いた専門的な調査活動を行うことを妨げる一因となっています。岡田行雄『少年司法における科学主義』（日本評論社、2012年）28頁以下参照。

12　処遇勧告を活用した、保護観察における諸機関連携については、本書に収められている鴨志田さんのご論考（本書92頁）を参照。

第4部

ドイツにおける関係機関の連携

ドイツの少年司法における関係機関の連携
「少年法の家」を中心とする諸機関連携に学ぶ

岡田行雄（熊本大学教授）

ドイツの少年司法とその特徴

ドイツの少年司法

　ここでは、ドイツの少年司法を担う様々な機関の連携を素材にして、日本の少年司法における諸機関連携が学ぶべきことを考えてみたいと思います。

　その前に、まず、ドイツの少年司法がどのような仕組みを取っているのかを、できるだけわかりやすく紹介したいと思います。

　ドイツの少年法とも言える少年裁判所法という法律は、14歳以上21歳未満の罪を犯した者を対象にしており、日本の少年法が対象とする虞犯少年や触法少年は対象外です。また、18歳以上21歳未満の者は青年として、14歳以上18歳未満の少年とは少し異なる対応を取ることを認めています。しかし、基本的には14歳以上21歳未満の者に犯罪の疑いがかけられたときから、その刑事手続や処分には少年裁判所法上の特則が用いられることになっています。但し、以下では、この青年も含めて、基本的には少年と呼称することにします。

ドイツの実例

　ここで、後で紹介するフランクフルト北（Frankfurt Nord）少年法の家に属する少年係検察官（ドイツでは少年事件を担当する検察官や裁判官は少年裁判所法によって、その資質などが定められています）から紹介していただいた事例を使って、ドイツの少年司法の特徴を示したいと思います。

　事件は、深夜に2人組の若者（ともに21歳以上）と3人組の少年（ともに18歳）とが遭遇し、2人組の若者が3人組の少年を侮辱したことをきっかけに、3人の少年達が2人の若者に殴る蹴るなどの暴行を加えた結果、うち1人は意識を失い数日入院したというものです。

　この事件発生後、目撃者の通報から動き出した警察は、当初は殺人事件担当の

警察官が捜査に乗り出し、直ちに3人を逮捕し、3人は所轄の警察署に連行されました。この間、入院した被害者を担当した医師などからの事情聴取などに基づき、捜査を指揮した検察官が3人への被疑事実を殺人未遂から「危険な傷害」（ドイツの刑法は傷害にも色々な類型を定めています）に変更し、3人の釈放を命じました。この被疑事実の変更により、捜査担当の警察の部局も、少年事件担当に変更されました。

この間、警察は3人を取調べましたし、3人の勾留を求めました。しかし、殺人未遂の被疑事実が変更されたために、定まった住所を持っている3人の勾留は認められませんでした。このようにドイツでは青年であっても勾留が認められることは多くありませんし、16歳未満の少年の場合は、少年裁判所法に基づき、具体的な逃亡の準備をしていたか、ドイツに住居が無い場合などに勾留が厳しく制限されている上に、16歳を超えている場合であっても、勾留に代わる措置（例えば、少年援助施設への収容等）で目的が充足されるか否かが精査されねばなりません。また、勾留は拘置所で執行されます。

その後、この3人についての捜査は在宅で行われるとともに、日本で言えば児童相談所に当たる、少年局という組織に属する職員が、警察からの情報提供に基づき、少年裁判補助者として、少年やそれを取り巻く環境などを調査します。少年裁判補助者の業務は、この調査に基づいて、少年裁判所で処遇に関する意見を述べる点では、日本の家庭裁判所調査官と同じですが、捜査段階から少年事件に関与して、勾留に代わる措置の調整を行ったり、少年裁判所が言い渡した教育処分の執行に関わったりする点で、家庭裁判所調査官のそれよりは広いと言えます。

結局、少年係検察官は事件から7カ月後に、事件を管轄する裁判所に起訴しました。公判はそれから2カ月後に、少年係裁判官1名と少年参審員2名からなる少年参審裁判部で開かれました[1]。少年の弁護人との間の打ち合わせを通じて、少年が自白する用意があるということから、公判では証人は被害者だけに絞って尋問を行うことになり、1回目の期日で判決に至りました。この3人には、少年向けの処分の特則が適用され、1人目には、懲戒処分としての1週間の少年拘禁施設への収容処分に加え、教育処分として、反暴力セミナー[2]に参加し、子ども少年団体との面談を5回受けねばならない義務が賦課されました。2人目には、2週間の少年拘禁と1人目と同じ義務が賦課されました。3人目は2日間の少年拘禁とセミナーの参加のみの義務が賦課されました[3]。

ドイツでは、成人の場合、危険な傷害の法定刑は6月以上10年以下の自由刑とされていますが、少年裁判所法は、こうした法定刑に関係なく、教育処分、懲戒

処分、少年刑を、それぞれの要件が満たされた場合に選択できるようにしています。このことは、少年への処分の特則を適用する要件を満たしている青年の場合にも、ほぼ当てはまります。

この3人の場合、18歳の青年でしたが、3人とも親元に居住しており、在学中あるいは職業見習い期間中であったことが、少年と同様の成長発達の力があるという、少年への処分の特則が適用要件を満たす決定打になりました[4]。そして3人には、それまで住居侵入で検挙されて、少年裁判所での手続打ち切り[5]などを経験したことはありましたが、暴力事犯で少年裁判所に起訴されたことがないので、少年拘禁という訓戒と懲罰の機能を併せ持った懲戒処分と反暴力セミナーへの参加の指示という教育処分とが組み合わされて言い渡されたと考えられます。

実例から見えるドイツ少年司法の特徴

ところで、日本の場合、上で紹介したような少年事件が発見された場合、少年達はどのような扱いをうけるでしょうか？

まず、18歳の少年たちが被害者の意識を失わせるような暴行を加えて傷害の結果を発生させたことが捜査機関に発見され、逮捕された場合、72時間という逮捕の制限時間が切れるまでに勾留が認められた上、「やむをえない事由」による勾留延長も簡単に認められるために、警察署内の留置施設に20日から最長で23日間収容されることが一般的です。

しかも、身体拘束が続いている状態で、家庭裁判所に事件が送致されると、ほとんどのケースで、少年が少年鑑別所に送致される観護措置決定がなされます。この少年鑑別所の収容も、鑑別のために延長されることが一般的ですので、ほぼ4週間、少年は少年鑑別所の中で社会から隔離されて過ごし、この間に、少年審判が開かれるのです。そして、少年審判の結果、少年院送致決定がなされると、平均して1年近く少年院に収容され、そこで矯正教育を受けることになります。

このような日本でありがちな少年法の運用とドイツでのありがちな事例とを比較してみると、ドイツでは、かなり重大な事件を疑われた少年であっても、勾留されることがなく、そもそも少年鑑別所という施設もないので、身体が拘束されないまま裁判を迎えることが多いという特徴が浮かび上がってきます。

そして、ドイツの少年裁判所法は、少年院のように教育の名の下に施設に長期間収容する制度を用意していません。長期間の収容は、刑罰として少年刑事施設で行われるだけなのです。このような事情もあいまって、ドイツの少年司法においては、非行少年の教育を行う社会内処遇の選択肢が数多く用意されるだけでな

く、そうした援助的な社会内処遇を担う民間の団体が多数存在しているのです。上記の実例に出てくる、反暴力セミナーも、その選択肢の一つを形成しています[6]。

犯罪を重ねるドイツの少年

少年の刑事手続にかかる時間

　他方で、ドイツでは、少年による事件が発見されてから、少年裁判所によって最終的な処分が決定するまでに、時間がかかることが問題視されてきました。

　例えば、1990年代末に、ドイツの少年刑事手続が始まって終わるまでには平均すると3カ月から6カ月はかかると言われていました。また、筆者が、後で紹介するシュトゥットガルト（Stuttgart）少年法の家でおうかがいした話によれば、当時であれば、少年による一般的な刑事事件についての警察による捜査に2カ月はかかるのが常で、それから警察が検察官に事件を送致し、起訴した後の最終的な処分決定までに2年かかることも少なくなかったということでした。

　このような状況は2000年代に入ってからも続き、警察による捜査の開始から少年係検察官による少年事件の処理には、平均して205.6日かかっており、特に、検察官が公訴提起した少年事件に限ると432.1日かかっていたというデータも公表されています。

　そして、このデータによれば、警察による捜査の段階から、少年裁判補助者は少年に対する様々な援助を行うことができるように、法律上はなっていても、少年裁判補助者が属する少年局に、警察からの書類が到達するまでの期間が平均で170.5日、少年局への書類到達から刑事手続における少年援助が開始するまでの期間が平均で103日かかっていたのです。

犯罪を重ねる少年達

　日本で逮捕・勾留され、家裁送致後は観護措置によって少年鑑別所に収容され、その期間の終わりあたりで少年審判が開かれ、少年院送致決定がなされるような少年の場合、その間は、留置施設、少年鑑別所、少年院というように、場所は変われども、ずっと社会から隔離されるために、その少年が社会内で非行を繰り返すことはありません。そして、捜査や家庭裁判所における調査段階での身体拘束には、それぞれ時間制限がありますから、身体拘束中にそれらを終えようとする限り、その手続が長期化することは考えられません[7]。

　しかし、ドイツの場合、必ずしも身体拘束されないまま、少年裁判所での手続

ドイツの少年司法における関係機関の連携 | 151

が終わるまでに、日本に比べるとかなりの時間を要することになります。そして、その期間に、犯罪を重ねてしまう少年も出てくることになります。

　ドイツでは、1980年代から、こうして何度も犯罪を繰り返す少年たちの存在が問題として指摘されるようになり、そうした少年たちにどのような対策が採られるべきかが熱心に論じられました。その結果、少年司法に携わる専門家の間では、次のような見方が共有されるようになりました。すなわち、そうした少年たちには、少年刑や少年拘禁といった収容処分が言い渡される傾向があるけれども、その後の再犯率は70％以上の高率となります。さらに、そうした少年たちは、家庭に問題を抱え、しばしば児童福祉施設にも入所した経験や、失業、ホームレス、薬物・アルコールへの依存、借金まみれといった特徴はあるけれども、秀でた学習能力や特技はないので、そうした少年たちを社会から隔離するだけでは、少年が社会のルールを身に付け、成長する可能性を大きくするわけではないというものです。そこで、先ほどの事例の少年たちにも言い渡された反暴力セミナーへの参加などの、援助的な社会内処遇の選択肢が推奨されているのです[8]。

「少年法の家」調査の狙い

「少年法の家」構想

　このように、ドイツでは少年司法手続に要する時間が長くかかり、その間に非行が繰り返されることが、政治家などの間で問題視されるようになってきました。

　そこで、1997年当時のシュトゥットガルト警察幹部の発案を契機に、警察、検察、少年局という3つの公的機関が一つ屋根の下に集まって少年・青年事件の迅速な処理を目指そうという構想が立てられました。この構想を出発点に、裁判所を含めた4機関で協議が続けられて、少年・青年による犯罪への国家と地域による対応の迅速化、それぞれの機関の間における共同作業の最適化、少年犯罪の長期的な減少を図ることを目的に、シュトゥットガルト市の建物が改装され、その建物の中に、少年警察、少年係検察官、少年局が入居した「少年法の家」(Haus des Jugendrechts)が1999年6月1日に業務を始めました。このために、それまで18歳未満の軽微事件しか管轄していなかったシュトゥットガルトの少年警察は、少年局や少年司法機関に合わせる形で21歳未満の事件まで管轄するようになるとともに、土地管轄も、行為地から少年・青年の居住地に変更されたのです。

　このような、警察、検察、少年局が一つ屋根の下に集められた「少年法の家」は、このシュトゥットガルトのものが学ばれる形で、ドイツの他の地域にも拡散して

いき、2015年の時点で16あるドイツの州のうち、5つの州の12の都市に同様のものが開設されるに至っています。

この少年法の家では、少年司法に直接携わる、警察、検察、少年局が一つ屋根の下で、互いに連携するとともに、それを核として、外部の様々な機関との連携も模索されるようになってきました。これが、本書で、この少年法の家を取り上げる理由なのです。

日本の現状

ところで、日本では、発達障がいがある少年による事件などで、少年司法の中核を担う家庭裁判所と様々な機関との連携が求められるようになってきました。しかし、それ以前に、この家庭裁判所と捜査を担う警察・検察、そして鑑別を担う少年鑑別所、さらには非行少年処遇を担う少年院や保護観察所との間で、少年法だけでなく、日本国憲法、子どもの権利条約、そして障がい者の権利条約の精神に基づいたお互いの職責が十分に理解された上での連携が図られてきたと言えるのでしょうか。

この点について、先日お亡くなりになった、『家裁の人』の原作者として著名な毛利甚八さんは、少年司法の担い手がお互いを知らないことを次のように指摘されていました。

> ある一人の少年が罪を犯したとする。
> 事件を起こした一人の少年は警察、家裁、鑑別所、家裁の審判…、少年院、保護観察所という機関に次々に身柄を預けられていくのだが、それぞれの機関の専門家たちが、驚くほど互いのことを知らないのである。
> 家裁調査官は少年院の教育や法務教官の仕事をよく知っているわけではないし、同じ法務省の職員である法務教官と保護観察官ですら互いの仕事を理解し合っているわけではない。彼らが一人の少年に対して共通の人間理解や将来像を持って処遇しているわけではないようだ。
> それぞれが、それぞれの場所の流儀にしたがって処遇を行い、次の機関に少年をパスしていくという感じなのである。
> いわゆる縦割り、セクト主義がいやおうなく存在している。少年が事件を起こしてから、警察に逮捕され、鑑別を受け、審判を受け、少年院で暮らし、保護観察を受けながら社会に戻っていく、その一連の流れを眺めている専門家は一人も存在しない[9]。

このように、例えば、お互いの機関が現実にどのような課題を抱えながら少年と接しているのかということを知らないまま、それぞれがただ少年法に書かれている最小限の業務だけをこなすということで、様々な問題を抱えている少年の成長発達のために少年法が要請している役割を果たすことができるのでしょうか？さらには、このような状況で、家庭裁判所が、教育、福祉、医療、就労支援などに携わる様々な機関と連携して、少年の成長発達を実現することができるのでしょうか？

「少年法の家」調査の狙い

　上のような問題意識を持って、「少年法の家」を眺めたとき、一つ屋根の下で、少年司法手続に直線的に関わる諸機関がお互いに連携しながら業務をこなすとすれば、他の様々な機関との連携もうまくいくのではないかと考えました。

　そこで、2014年から、年に1度のペースでドイツに出張し、ドイツの5つの州に点在する少年法の家で聴き取り調査を実施しました。この調査を通して、この少年法の家の中に位置する、警察、検察、少年局などの諸機関の間での連携と、その外部にある、様々な機関との連携とがうまく進んでいるのか、うまく行っているとすればなぜなのか、うまく行っていないとすれば、そこにどのような問題点があるのか、といった点を明らかにしようというのが調査の狙いです。

　以下では、これまでに聴き取り調査を終えた、5つの州の「少年法の家」やそれと同様のものについて、聴き取りの内容や公表されている資料に基づいて、そこでの連携の状況を紹介していきたいと思います。

各地の少年法の家

シュトゥットガルト少年法の家

　少年法の家のパイオニアである、シュトゥットガルトの少年法の家を訪ねたのは2014年10月29日のことでした。ここは、市の中心部から少し離れたところにありますが、地下鉄の駅から歩いて数分のビルがその建物で、交通の便は悪くないところでした。ここでは、シュトゥットガルトに居住する21歳未満の者のうち10%強の事件を管轄しています。

　ここに入居している警察は、管轄内に居住している少年の事件の中で、交通事件や連邦警察が扱う政治犯以外の事件を全て受理します。事件後は直ちに同じ建物で仕事をする少年係検察官に事前連絡を入れて、逮捕や捜索令状を請求する準

備を迅速に行うだけでなく、必ずしも必要ではない捜査項目を明らかにするようにしているそうです。

殺人事件などの重大事件の場合は、警察における事情聴取と接続しながら、検察においてケース会議が開かれ、このケース会議を通して、同じ建物の中にいる少年裁判補助者にも情報が提供されます。少年の両親が少年の事情聴取に同伴している場合、両親もこのケース会議に参加します。ちなみに、こうした大掛かりなケース会議は週に1度は開かれているそうです。こうしたケース会議後に、少年裁判補助者は、警察が捜査を続けている段階から、少年に対する社会内での援助に着手します。このように早期に援助が始まることで、未決勾留の回避やその短縮に向けた取り組みも迅速に行われうるのです。また、こうしたケース会議とは別に、日常的にドアとドアの間で情報交換がなされることを通して、お互いがお互いの業務を知り、お互いの職責を尊重できるようになるという効果もあるそうです。

写真1　シュトゥットガルト少年法の家の入り口

そして、少年が少年裁判所に正式に起訴されるまでの間にも、グループワーク、反暴力セミナー、修学による資格取得、薬物中毒の相談、損害賠償などの取組みがなされます。このために、様々な外部の機関との連携が必要になってくるわけです。また、弁護人がついている場合には、弁護人にも迅速に情報提供がなされます。弁護士による無料法律相談が、この少年法の家で行われていたこともあったそうです。

このような外部の様々な機関との連携にあたって、少年法の家で大きな問題となっているのは、個人情報保護に関する法令です。これが桎梏となって、とりわけ外部機関との間での少年などに関する情報の共有が難しくなっているという現実があります。また、少年法の家の警察と外部機関との連携については、警察が学校に出入りすることによって、学校の評判が悪くなるとして、教育機関との連携では困難なことが多い他に、様々な少年援助団体と警察との間で、どのような

取り組みが少年の成長をもたらすのかについて見解が相違するために、そうした少年援助団体との間では必ずしも連携がうまくいっていないというお話もうかがうことができました。

なお、この少年法の家がパイオニアであるために、他の州の少年司法機関や少年法の家の職員が参観に来ることも多いそうです。

ルードビッヒスハーフェン（Ludwigshafen）少年法の家

シュトゥットガルトからさほど離れていませんが、バーデン・ビュッテンベルク（Baden-Württemberg）州に属するシュトゥットガルトとは異なり、ラインラント・プファルツ（Rheinland-Pfalz）州に属するルードビッヒスハーフェン少年法の家を、2014年10月30日に訪ねました。その建物は、ルードビッヒスハーフェン市の中心部で、コンサートホールなどの文化的な施設がまわりに点在している地域にあります。

ここには、警察、検察、少年局だけではなく、任意に設立された少年援助団体も入居しています。この少年法の家はシュトゥットガルト少年法の家を範にとって設立され、2005年9月に業務を開始しました。しかし、その対象とする少年の事件は、ルードビッヒスハーフェン市を居住地にしている少年の強盗、傷害、器物損壊などの事件に限られています。殺人などの重大事件は刑事警察に委ねられ、性犯罪は、被害者対応など専門性が要求されるからだそうです。

写真2　ルードビッヒスハーフェン少年法の家の入り口

この少年法の家が管轄する事件が受理されると、まず、警察と検察の間で事前打ち合わせが行われ、捜査の方針が定められます。少年係検察官が手続打ち切りを望む事件では捜査が省力化されるのだそうです。

そして、何度も犯罪を繰り返してきた少年のケースなどを中心に、できる限り早期に全ての機関が集まってのケース会議が開催され、

全体の方針が練り上げられ、具体的な手続の進め方が決められます。ですから1つのケースについて、ケース会議が1度で終わるわけではなく、最初は、この少年法の家に入っている機関でケース会議を行い、2回目以降は、外部の機関にも入ってもらうことがあるそうです。もちろん、少年や保護者が、このケース会議に出席することもあります。このケース会議を通して、当該ケースに関わることが必要となる関係機関の間での調整やそのケースに関する今後の行動計画作りなどを主に担当するのは、少年裁判補助者です。従って、多くの場合、このケース会議のまとめ役は、この少年裁判補助者ということになります。

　他方、ここでは、軽微な事件について、定期的に、早期の手続打ち切り、つまりディバージョンに向けた会議も行われます。これには警察、検察、そして少年裁判補助者だけでなく、場合によっては、少年やその保護者が参加することがあり、この会議を通して、早期に教育的な措置を採ることができるようにしているそうです。

　ここでも、ケース会議に外部の様々な機関に入ってもらうなど、少年法の家の内部に入っている機関だけでなく、その外部にある諸機関との連携も積極的に取り組まれています。しかし、外部の機関との連携だけでなく、内部の機関の場合でも、個人情報保護には神経を使わざるを得ず、連携の足かせになっているとのことです。

ケルン（Köln）少年法の家

　シュトゥットガルト少年法の家を参考にして、ノルトライン・ヴェストファーレン（Nordrhein-Westfalen）州の司法省の主導によって2009年6月に設立されたものが、ケルン少年法の家です。ここには2015年11月12日に訪問しました。ケルン少年法の家のために、大都市ケルンの交通の要所にあるビルの一部が使われていて、公共交通機関でのアクセスが極めて容易です。

　このケルン少年法の家には、他の少年法の家と同様に、警察、検察、少年局が一つ屋根の下に集まっているのですが、他のそれとは大きく異なる特徴を持っています。それは、ここが対象とする少年が、1年に5回以上粗暴犯だけでなく財産犯をも犯したとされる少年に限られているという点です。

　従って、こうした少年にどのような対応すべきかを関係機関で議論するケース会議が重要な役割を果たします。このケース会議は、月に1回ほど、必要なケースについて開催され、外部の少年援助団体の他に、少年が通っている学校の教員、そして少年自身やその両親も参加します。ただ、弁護人がこうしたケース会議に

参加することは稀だそうです。

　未決勾留を回避するための、外部との連携も、他の少年法の家と同様に取り組まれていて、ここでは、この地域にある5カ所のグループホームを利用することにより、少年の未決勾留の回避に向けた努力がなされています。

　他にも、様々な外部機関と連携しており、その相手方は、ケルン市の都市環境を整備する団体の他、様々な会社が支援する組織にも及んでおり、少年が教育処分としての公益労働を行う場所の確保などにも役立っているそうです。もともと、警察と外部の少年援助団体とは少年犯罪に対する互いの業務への理解にかなりの隔たりがあったそ

写真3　ケルン少年法の家の入り口

地下鉄の駅のすぐそばにありました。

うですが、少年法の家の設立もあいまって、だんだんとお互いの業務の関する理解が深まってきたそうです。ここでの聴き取りを通して、お互いの業務を尊重し合うことが、連携相手との相互理解を深めるためには重要なのだと教えられました。

　なお、ここでも、お互いの連携にとって、個人情報保護に関する法令の厳しさが足かせになっているそうです。もちろん、少年本人などから同意を取れば、警察が、少年局が保有している少年に関する情報を得られます。しかし、本人の同意が取れない場合は、警察には少年の成育歴などに関する情報が入ってきません。これが、警察にとっては最も頭が痛い問題なのだそうです。

フランクフルト北少年法の家

　2015年11月9日に訪問した、ヘッセン（Hessen）州にある、フランクフルト北少年法の家は、2015年3月に開設された、少年法の家の中では新しいものと言えます。その4年前にフランクフルトの旧市街にも少年法の家が試験的なものとして開設されていましたが、それが成功であるとの評価の下、フランクフルト北少年法の家は、フランクフルト市の北部地域の少年犯罪を管轄するものとしてスタートしたのです。但し、その所在地は、これまでに紹介した他の少年法の家と

は異なり、新しく開発された地域に置かれたこともあいまって、大変わかりにくいところでした。

ここで扱う事件は、管轄地域内に居住する少年による事件ですが、殺人などの重大な事件は除かれています。

ここには、警察官、少年係検察官、少年裁判補助者が常駐している他、少年援助団体の職員と、少年と被害者との間での和解を担う外部団体の職員とが決まった日時に勤務しています。

ここでも各機関の代表などが集まる会議が定期的に開催されており、ちょうど会議の時に訪問させていただいたこともあって、会議にも同席させてもらいました。と

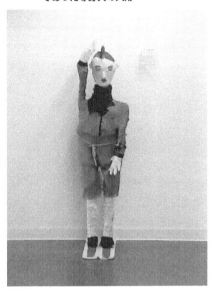

写真4 フランクフルト北少年法の家の中に飾ってあった等身大の人形

ここで扱われた事件の少年が作ったものだそうです。

てもフレンドリーで、参加者の笑顔が絶えない会議のように見受けられました。この会議後に、各機関の代表者が、ここで学んだことは、同居している他の機関の業務と職責を理解し、尊重しなければならないことであると話されたことがとても印象的でした。かつては、ここで警察と少年裁判補助者が鋭く対立していたこともあったそうですが、現在では、そうした対立は解消しているとのことです。

このフランクフルト北少年法の家とは、就労支援機関、反暴力セミナー実施機関、社会性訓練コース実施機関、少年を雇用する工場などの外部機関との連携が取り組まれていて、それぞれとの連携は、少年法の家の側から見ると、うまくいっているそうです。もちろん、他の少年法の家と同様、外部のグループホームと連携して、少年の未決勾留回避の取組みもなされています。

この少年法の家内部での連携や、外部との連携にあたって、やはり個人情報保護が問題となっているそうですが、ここでお話をおうかがいした少年係検察官によれば、要は相手との信頼関係があれば回避できる問題のように思われるとした上で、現実には、法的に許されることと許されないこととの間のグレーゾーンのおかげで、何とか支障を来さずに業務ができているそうです。

ゲーラ（Gera）少年ステーション

　シュトゥットガルト少年法の家を模範として、2000年に旧東独地域に属するチューリンゲン（Thüringen）州司法省の主導で設立され、一つ屋根の下に、警察、検察、少年裁判補助機関が同居しているものが、ゲーラ少年ステーション（Jugendstation）です。名称こそ、少年法の家とは異なりますが、実質は、上で取り上げた少年法の家そのものと言えます。

　ここを、2016年9月8日に訪問しました。場所はゲーラ市内の中心部からはちょっと離れたところにありますが、中心部からは、10分おきに出るバスに乗ると10分程度で到着でき、少年にとってそれほど不便というわけではなさそうです。

　この少年ステーションが管轄するのは、薬物事犯も含めた少年事件ですが、やはり重大事件や性犯罪は対象から外されています。

　3階建ての民家のような建物がまるまる少年ステーションとして活用される形になっていて、1階が少年裁判補助者、2階が少年警察、3階が少年係検察官とそれぞれの仕事場がフロアによって区分されています。こうした構造のおかげで、それぞれの機関から重要な個人情報が漏れるということはないそうです。

　それぞれの機関はフロアで分かれていますが、ドア越しの日常的なやりとりの中で事実上のケース会議が開かれていて、開設以前に比べると、お互いのコミュニケーションは大きく改善されたとのことです。このコミュニケーションにおいて、それぞれの業務や専門性をお互いに尊重することによって、それぞれの専門的な視点を学ぶことが、それぞれの業務の改善にとても役立っているというお話もとても印象的でした。そうした相互コミュニケーションを通して、警察官であっても、ここでは、少年の短所ばかりでなく、少年への手続や処分による負担を小さくするための長所を発見するようになったそうです。

写真5　ゲーラ少年ステーションの建物

この少年ステーションには、外部の少年援助団体の職員や薬物相談機関の職員も頻繁に訪問しており、これらの外部機関との連携が十分な機能を果たしているそうですが、こうした外部機関との連携にあたっては、この少年ステーションの職員の多くが、長期間ゲーラ市で勤務してきたという事情が大きく役立っているとのことでした。一番長い少年裁判補助者で35年、少年係検察官ですら12年もゲーラ市で勤務してきたそうです（ちなみにこのお二人は女性です）。ドイツの場合、少年裁判補助者や検察官のみならず、裁判官でさえも一つの都市にかなり長い期間勤務します。日本のような頻繁な転勤は珍しいのです。少年司法に携わる機関の担い手が同じ地域に長期間勤務できることも、諸機関の連携にとって重要な条件ではないかと思いました。
　もっとも、この少年ステーションの警察・検察と学校との間では、必ずしもコミュニケーションがうまく取れていないという問題も残っているそうです。

ドイツの少年法の家に関する評価

肯定的評価

　上で紹介したドイツ少年法の家の中で、シュトゥットガルトとルードビッヒスハーフェンのそれについては、既に外部の研究者によって、その機能や役割の評価に関する研究がなされて、その結果が公表されています。
　それによると、まず、シュトゥットガルト少年法の家については、開設前の1年間と開設後3年間の比較が試みられました。その結果、警察が受理した時点から少年係検察官による少年事件の処理まで90日を超えた割合は開設前の1年間で45.2％もあったのに、開設後3年間では、その割合は15.4％にまで低下し、警察の事件受理から少年係検察官による処理にかかる期間の平均では、105.1日から51.6日まで短縮されました。
　また、同じ時期区分で、この少年法の家が管轄する事件の起訴を受けたシュトゥットガルトの少年裁判所における処分の変化をみると、有罪判決が62.8％から35.4％に、略式命令も7％から0.9％に減少し、他方で、手続打ち切りが20％から33.5％に上昇にしただけでなく、有罪判決の中身も、教育処分や懲戒処分としての、公益労働や損害回復など、その執行に少年局が関与するものが増加し、単純な金銭支払いなどが減少しました。このデータを基に、シュトゥットガルト少年法の家の設立以降、処遇選択においてディバージョン志向、被害者志向、個別化志向が強まったと肯定的に評価されています[10]。

次に、ルードビッヒズハーフェンの少年法の家についても、開設前の 2005 年 5 月 1 日から 8 月 31 日までのデータと開設後の 2006 年 9 月 1 日から 2007 年 8 月 31 日までのデータが比較されていますので、それを見てみましょう。すると、警察の事件受理から少年係検察官への事件送致までの期間の平均が 17.4 日から 4.1 日へ、警察の事件受理から少年係検察官による事件処理までのそれが、205.6 日から 120.9 日へ、警察の事件受理から少年局への書類送達までのそれが 170.5 日から 97.7 日へと大幅に短縮されています。とりわけ、公訴提起された事案に限ると、警察の事件受理から検察官の公訴提起まで 432.1 日かかっていたものが、153.3 日へと半分以下に短縮されたのです[11]。

　加えて、ルードビッヒズハーフェンの少年法の家に関する研究では、もともとお互いの業務の枠組、権限、行動原理などに関する知識が乏しかったことなどがあって、相互不信の状態にあった警察と少年局に属する少年裁判補助者との間での連携が、ここでのケース会議などの取組みを通して改善され、お互いの業務に満足しているとの回答が多かったことなども示されています。

　他方で、ケルン少年法の家が毎年出している、その活動成果に関する年次報告書では、上で挙げられたような手続にかかる時間の短縮効果だけでなく、ケルン少年法の家が関わった少年のおよそ 60% は、その後の 1 年間に全く刑法犯として検挙されていないか、せいぜいその検挙は 1 回に過ぎず、それまでの少年たちの犯罪キャリアから見れば良い数字であるとして、その再犯防止効果についても言及されています。

否定的評価

　しかし、ドイツで定評のある少年裁判所法に関する教科書では、この少年法の家という試みは、抑圧的なものであると、否定的に評価されていました。その背景としては、少年法の家においては、手続にかかる期間を短縮しようとするあまり、少年の意に沿わない形で手続が進められ、あるいは、少年の意見を十分に聴かないまま、少年係検察官の処遇意見が形成され、少年裁判所で述べられてしまうということがあるからかもしれません。

　ちなみに、ルードビッヒズハーフェン少年法の家に関する研究によれば、ここで自分の事件が扱われた少年たちに匿名の回答を求めたところ、警察や少年係検察官の言動を不公正だと感じた少年はそれぞれ 15% 程度に上り、警察や少年係検察官に自分たちの言動を真面目に受け止めてもらえなかったと感じた少年たちもそれぞれ 24% 程度に上っており、その割合がはるかに低い少年裁判補助者の場合

（1％と4％）と対照的な数字となっています。

また、少年法の家の取組みによって、検察官が事件を処理するまでにかかる時間は短縮されたものの、それが再非行予防効果を改善することを示す外部の研究者による実証研究はなされておらず、この少年法の家が、少年の成長発達の権利を保障するものになっているのかについても疑問が提起されているのです[12]。

民間機関としてのコトブス少年法の家
（Cottbuser Jugendrechtshaus）

もう一つの少年法の家

実は、少年法の家という名称の機関は、他にもあります。しかし、それは警察、検察、少年局といった公的機関から成り立つものではなく、犯罪に走った少年たちに長期間の教育的働きかけを行う、純粋な民間機関です。

そもそも、裁判所における少年事件の手続では、実際のところ教育的働き掛けは十分にできず、とりわけ非行を繰り返す少年への教育的働きかけには長い時間が必要なのに、少年拘禁施設に収容して短期間反省させるという懲戒処分は必ずしも教育的ではなく、まして長期間少年刑事施設に収容する少年刑は妥当ではないという問題意識から、旧東独に位置するコトブス（Cottbus）という比較的小さな都市に1998年に設立されたものが、コトブス少年法の家なのです。

このように、少年裁判所や少年裁判補助者と連携しながら、罪を犯した少年に長期間の教育的働きかけを社会内で行うという、施設収容を回避することを目的とする社会内処遇を担う民間機関としてのコトブス少年法の家のことを知り、これを上で紹介した公的機関

写真6　コトブス少年法の家

としての少年法の家と対比させようと考えて、2016年9月6日に訪問して、その担い手の方々にインタビューしてきました。

　この少年法の家は、コトブス市内の中心地にある裁判所のすぐそばにありました。裁判所の敷地内にあると言っても、言い過ぎではないほどの近さです。

コトブス少年法の家が提供するプログラム

　この少年法の家の運営資金は、コトブス市、各種財団、そして欧州連合（EU）からの助成によって賄われています。このため、最近は予算が不足していて、現在の常勤職員は2名だけで、この他に、元裁判官と元検察官の2名と3人の弁護士が非常勤の職員として業務を担ってくれているそうです。

　この少年法の家が罪を犯した少年向けに提供しているプログラムのうち、主なものは、百貨店コース（Kaufhauskurs）と衝突コース（Crashkurs）というものです。前者は、初回の窃盗事案の少年のみを対象として、少年が2日間、百貨店やスーパーマーケットなどの商業施設で働き、様々な体験をすることを通して、被害者のこと、そして自らが犯した窃盗がもたらしたことを学ぶコースです。後者は、窃盗や暴力事犯を繰り返している少年を対象として、コトブス少年法の家の中で実施される、自らの生育歴などのテーマに沿って他の同じような立場の少年たちと話をするグループワークです。これは1年以上に亘って、裁判手続を間に挟んで長期間続けられます。ここの専属職員は、このグループワークのコーディネートなども行います。

　これらのプログラムは、身体拘束をされていない少年について少年裁判補助者が調査している段階で、少年自身が電話などで少年法の家に相談をしたことをきっかけに始められます。そして、ここでの状況が少年裁判補助者に伝えられ、少年係検察官・裁判官による事件処理に活かされる形になっています。そして、手続打ち切りや教育処分に伴う措置として、こうしたプログラムに参加することが義務付けられる場合もあります。このような場合、プログラムへの参加が長期となるのだそうです。

　この他、ここでは、少年やその親の相談を受けて、薬物相談の専門機関や弁護士につなぐことを通して、少年やその親が直面している問題を解消するための業務も行われています。

　そこで、ドイツの少年司法の主たる担い手である少年警察、少年係検察官、少年裁判補助者、少年係裁判官と、この少年法の家との連携について尋ねてみますと、概ねうまく連携が取れていて、百貨店コースでお世話になるスーパーマーケット

などとの連携についても、大きな問題は生じていないそうです。なお、ここでも少数のメンバーによるケース会議は開かれていても、個人情報保護に関する法令の縛りがあるため、多数の人々が集まるケース会議を開くことは難しいとのことでした。

さらに、ここでのプログラムや業務については、コトブス市の職員によって、定期的に評価を受けているだけでなく、社会統合による拘禁回避ネットワークの一部としても認証されているために、このネットワークに対しての報告もなされねばならないそうです。もっとも、ここでのインタビューに際して、元裁判官の方は、こうした評価がプログラムを受けた少年が再犯したかどうかだけに基づいて行われがちなことを、馬鹿げていると批判していました。

ここでのインタビューを通して、ここでの業務の原点は、非常勤の方も含めた職員が、親身になって少年やその親の話を傾聴するということにあって、少年が自発的にプログラムに参加することを通して、少年が本当に大事なこと、すなわち、この社会において共有されている価値を学ぶことに意義があるというお話が、とても強く印象に残りました。

ドイツ少年司法における諸機関連携から見える論点と問題点

何のための連携か？

以上、ドイツの少年法の家という名の公的機関と民間機関への調査結果を通して、ドイツ少年司法における諸機関連携の現状を見てきました。

もともと、公的機関のそれと民間機関のそれには、設立の背景の違いもあり、その機関の性格も大きく異なっています。また、少年司法における諸機関連携と一口に言っても、この2つの機関の間には、何のための連携かという点でも違いがあることは明らかです。

前者の場合、少年司法手続にかかる時間の短縮、あるいは、少年の累犯のキャリアを止めることに連携の目的があるのに対して、後者の場合、犯罪少年に対する施設収容によらない教育に連携の目的があるのです。

こうした違いは、手続にかかる時間短縮を通した再犯防止という目的で、言わば上からの連携が目指された前者と、犯罪少年の施設収容処分を可能な限り避けようとする目的で、民間の側から少年司法を担う機関への連携、言わば横ないし下からの連携が目指された後者との違いでもあると言えるでしょう。

従って、少年司法における諸機関連携を論じるときには、それが何のための連携なのかということが一つの論点となるように思われます。

上からの連携の問題点

確かに、公的機関である少年法の家では、そこに集まった諸機関の連携を通して、少年司法手続にかかる時間が短縮される効果が確認されるとともに、ケルン少年法の家による自己評価では、少年の累犯キャリアを止める効果も認められています。但し、後者の効果は外部機関による客観的で十分な検証を受けたものではありません。

他方で、公的機関である少年法の家については、その抑圧性が問題とされるだけでなく、少年の中には、そこでの捜査機関の言動に不公正さを感じたり、自分たちの言動が真面目に受け止めてもらえなかったとの思いを持ったりした者もいました。このような点に鑑みると、公的機関である少年法の家においては、手続にかかる時間短縮に重きを置くあまり、少年の権利保障がないがしろにされる危険性があるように思われます。このことは、再犯防止に連携の重点を求める場合にも当てはまりうるでしょう。なぜなら、迅速に少年に処分を言い渡すことによって少年の再犯防止を図ろうとするのであれば、やはり同様の問題を引き起こすはずだからです。

以上を踏まえると、公的機関である少年法の家に見られるような、上からの連携には、日本国憲法のみならず子どもの権利条約からも要請される、少年の成長発達や少年の適正手続ないし手続参加が軽視されるという弊害が内包されていると言えるのではないでしょうか。

ドイツから学ぶべきこと

ヨコ型の連携の重要性

しかし、ドイツにおける少年法の家における実践から学ぶところがないわけではありません。

私たちが学ぶべきことの一つは、少年司法における連携にあたっては、ヨコ型の連携が重要であるという点です。

その根拠は、上からの連携には先ほど指摘したような弊害があるということだけに止まりません。確かに、公的機関としての少年法の家は、ある州の司法省であるとか、警察であるとかが、少年司法手続にかかる時間の短縮などを目的として、

その設立にイニシアティブを取るという意味では、「上からの連携」と言うべき型からスタートしたものでしょう。しかし、今回のインタビューを通して、そうした型からスタートした諸機関連携であっても、実はヨコ型の連携が重要であるということが明らかになっていることも、ヨコ型の連携が重要であるという根拠となっているのです。つまり、公的機関としての少年法の家においては、警察、検察、少年局という別個の機関が一つ屋根の下でお互いに連携する中で、それに属する個々の警察官、少年係検察官、少年裁判補助者がお互いの職責ないし業務を尊重しなければならないということを学んだおかげで、例えば警察と少年局などとの対立が緩和・解消され、よりスムーズに連携が進むようになったという事実が明らかになりました。このことは、外部の少年援助団体などと公的機関としての少年法の家との連携にあたっても妥当しています。そうすると、ドイツの民間機関としての少年法の家における取り組みのみならず、公的機関としての少年法の家における経験に照らしても、様々な機関が真の意味で連携するためには、相互にその業務や職責を理解し尊重し合う、ヨコ型の連携こそ必要不可欠であることは明らかでしょう。逆に、このことからは、一つの機関が圧倒的な力を持って強引に連携させるという意味での上からの連携は、むしろ真の意味での連携を阻害しかねないということも帰結されるのです。

個人情報保護と諸機関連携とのバランスの重要性

　次に、上のインタビューから明らかになったことでもありますが、公的であると民間であるとを問わず、ドイツの場合も、少年司法において諸機関が連携するにあたっては個別の少年事件について、その関係者が一堂に集まるケース会議が重要な役割を果たしているのに、厳格な個人情報保護に関する法令が、こうしたケース会議の開催を難しくしているという問題があります。

　もちろん、ドイツの個人情報保護に関する法令を厳格に当てはめれば、公的な少年法の家の中にある諸機関のケース会議すら開催することは困難になります。そこで、インタビューからも明らかなように、様々な方法で、事実上の情報交換がなされているわけです。

　現在、日本においても、個人情報保護法の観点から、センシティブな情報の扱いに、様々な機関は慎重になっています。もちろん、少年司法の個々の担い手には守秘義務が課されていることも少なくありませんので、その点でも個人情報の取り扱いに慎重にならざるをえないように思われます。

　他方で、ケース会議を抜きにしては、少年司法における諸機関連携の実を挙げ

ることができないことも、上のインタビューや、本書に収められている様々な論考から明らかです。

　従って、ドイツに学ぶべき２点目は、厳格な個人情報保護に関する法令の下で、ケース会議を通した諸機関連携をどのように実現しているかという点であるように思われます。この点は、個人情報保護と少年司法における諸機関連携にとって重要なケース会議における情報のやりとりとのバランスをどのように保つかということの重要性と言い換えることもできるようにも思います。

検証の重要性

　最後に、もう１点、ドイツでの実践に学ぶところがあるとすれば、それは、少年司法における諸機関連携の効果に関する検証が、完全なものとは言えないまでも、なされているという点です。

　もちろん、この検証は、公的機関としての少年法の家の場合は、もともと少年司法手続にかかる時間の短縮に主たる目的があったので、必然的なものと言うことができます。しかし、注目すべきは、ルードビッヒズハーフェン少年法の家の業務についてなされた検証においては、少年たちへもアンケートが取られており、それを通して、この少年法の家において、どれほど少年の成長発達や適正手続が保障されていたかまで一定程度明らかにされたということなのです。

　日本の場合、こうした検証がなされないまま、ずるずると問題のある施策が続けられることも少なくないように見受けられます。従って、今後、日本の少年司法において諸機関の連携が必要であるとしても、ここまでで概観したようなドイツでの取り組みに学んで、その連携に関する絶えざる検証がなされねばならないと思われます。

ドイツから学ぶときの留意点

　もちろん、ドイツから学ぶとしても、日本とドイツの相違にも留意する必要はあります。例えば、ドイツの場合、様々な困難を抱えた少年のための少年援助団体や相談機関など、日本で言うところの非行少年が社会内で立ち直っていくための様々な機関が存在しており、加えて、ゲーラ少年ステーションでのインタビューからも明らかなように、少年裁判補助者などの少年司法の直接の担い手が、頻繁な転勤をせずに、地域に根付いた活動をしています。そのため、公的機関としての少年法の家に限らず、そうした外部機関と少年司法の直接の担い手が直接連携していて、弁護人がその連携の間に入るということは、あまり必要ありません。

ドイツの弁護人は、少年司法手続においても、基本的に法的論点に関する援助に徹することができるのです。このような相違点は、日本の少年司法における諸機関連携の在り方を考えるときに、忘れられてはならないと言えるでしょう。

　こうした相違点は、個人情報保護と少年司法における諸機関連携にとって重要なケース会議における情報のやりとりとのバランスをどのように取るかという場合にも妥当します。

　これらの相違点を押さえつつ、日本の少年司法における諸機関連携の在り方が、これからも模索される必要があるのです。

1　ドイツでは、少年の場合、刑事裁判であっても非公開ですが、18歳以上の青年の刑事裁判は原則公開されることとなっています。

2　少年裁判所法上は、社会訓練コースの一種に位置付けられていて、自らが持つ、他者への暴力などの攻撃衝動と向き合って、それをうまくコントロールするための方法を身に付けるためのセミナーの受講などを内容としています。

3　少年裁判所法は、このように懲戒処分と教育処分とを組み合わせて使えるようにしています（8条1項）。しかし、懲罰的な処分と教育的な処分を併合することは非建設的であり、処分の併合を制限すべきとの指摘も、少年司法の専門家の間でなされています。ドイツ少年裁判所・少年審判補助者連合（武内謙治訳）『ドイツ少年刑法改革のための諸提案』（現代人文社、2005年）88〜89頁参照。

4　ドイツ全体で、2/3の青年の事件で、少年への制裁の特則の適用がなされています。しかし、地域や罪種によるばらつきもあり、そうした運用がドイツの憲法（基本法）に違反するのではないかとの疑問も提起されています。

5　日本の少年法にたとえると、不処分に一番近い制度と言えます。しかし、試験観察のように、一定の義務が課される場合もあります。

6　ドイツの社会内処遇を担う民間機関の一つであるブリュッケについては、福岡県弁護士会子どもの権利委員会『少年審判制度が変わる』（商事法務、2006年）220〜235頁参照。

7　もっとも、道路交通法違反の事案などで、事件発生から捜査機関が立件するまでに非常に時間がかかる少年事件もあります。少年事件について捜査が長期化すると、日本の場合では、それによる不利益が少年にふりかかる構造になっている点は問題です。この点については、岡田行雄「少年法における年齢超過逆送規定等の解釈について——少年事件の捜査・公訴提起遅延事案を契機として」熊本法学122号（2011年）276頁以下参照。

8 ドイツ少年裁判所・少年審判補助者連合・前掲注3書96～98頁参照。
9 毛利甚八『「家栽の人」から君への遺言』(講談社、2015年) 73～74頁。
10 Vgl. Feuerhelm/Kügler, Das "Haus des Jugendrechts" in Stuttgart Bad Cannstatt, Mainz 2003, S.116.
11 Vgl. Müller/Mutke/Wink, Unter einem Dach, Mainz 2008, S.113-117.
12 Vgl. Riekenbrauk, Das "Kölner Haus des Jugendrechts" – kein Modell für die Jugendhilfe, Kreß u.a.(Hrsg.), Kriminologie-Jugendkriminalrecht-Strafvollzug, 2014 Duncker&Humblot, S.388.

第5部

少年司法における関係諸機関の連携に向けた理論的・実践的課題

処遇が難しい少年事件についての一考察
関係機関との連携を軸として

鍵本薫（高松家庭裁判所丸亀支部主任家庭裁判所調査官）

はじめに

　一概に家庭裁判所に送致されてくる少年事件といっても千差万別であり、少年の特性や置かれた状況によって、自ずと関係機関との連携の在り方も変化します。その中でも、困難事件になるほど、その少年に関わる人々の間でどのような連携を図るのかは、とりわけ在宅で処遇する際、生命線とも言えるほどに大きなウエイトを占めると日々感じさせられます。ここでは、ある架空の事例（本質的な連携の部分は損なわれないようにしていますが、事例が特定されないよう、実際の事例とは異なります）を通して、関係機関との連携の在り方を考えてみたいと思います。

ケース：帰る場所のない少年

生活歴――感情的な母親と落ち着けない少年

　A男（18歳。建設作業員）は、幼少期に両親が離婚し、その後、母親に引き取られました。母親は気分の浮き沈みが大きく、精神的に不安定で、精神科に通院していました。幼いA男を感情的に叱りつけ、叩くこともありました。そうかと思えば、A男が他の園児を叩いたとして幼稚園から呼び出された際には、A男をかばい、一方的に幼稚園の対応を責め立てていました。児童相談所が養育相談として関わり、母親の話を聴いてあげることで、かろうじて母親は精神的な安定を取り戻すことがありましたが、基本的には気分の波が大きく、不安定な状態が続きました。

　A男は、幼い頃から落ち着きがなく、小学校では乱暴者でした。姉がいましたが、A男とは対照的におとなしくて聞き分けが良かったため、母親は姉に期待をかけるようになりました。姉ばかり可愛がると感じたA男は、ひがみから

一層母親を困らせるような行動を取りました。
　A男は、中学に入学すると、授業中、先生の話を聞かずに反発していました。やがて、同じく学校で悪ぶっている不良友達と一緒に、深夜バイクを乗り回したり、けんか沙汰を起こしたりして学校に登校しなくなりましたが、証拠がそろわず事件化は見送られ、児童相談所には軽微な万引きの触法通告があるのみでした。母親は、あきれた様子でA男を放任し、児童相談所には、施設でもどこでも入れてほしいという態度でした。そうした折り、14歳になった中学2年の終わり頃、友達と飲酒し、深夜に学校に侵入して職員室で金目の物を物色していたところ、警察に逮捕されて家庭裁判所に送致されました。家庭裁判所では、児童自立支援施設送致決定となり、施設に入所しました。
　A男は、中学を卒業すると同時に施設を退所すると、進学せずに働くことになりました。当初は真面目に働いたものの、母親からの信頼はなく、事あるごとに叱責されました。A男はやる気を無くし、仕事ばかりの毎日が嫌になり、以前の不良交友が再燃しました。母親が注意をしても、それを振り切って深夜に遊びに出かけていたので、母子関係はもちろんのこと、生活自体が安定しませんでした。やがて、A男は交際女性ができると、その家に居候するようになり、自宅に帰らなくなりました。
　A男は、不良交友の中で頭角を現し、後輩を使い走りにする一方、目が合って気にくわないと思う者には殴ったりけったりして粗暴な行為を繰り返した結果、相手に大けがを負わせ、傷害事件として再び逮捕されました。そして、家庭裁判所で少年院送致決定を受けました。
　少年院で1年余りを過ごし、仮退院したA男は、不良交友を絶ち、真面目に仕事に取り組もうとしました。しかし、母親とは些細な事で言い争い、自宅では落ち着けず、仕事を転々とするようになりました。やがて、母親は再婚し、A男の姉を連れて県外で生活するようになりました。A男は、就労先の寮で生活するとして保護観察所の了解を得て、母親にはついて行かず、地元に残りました。
　その後、A男は、以前のように生活を完全に崩してしまうことはなく、週末は新たな交際女性の家で寝泊まりしながら、しばらくは仕事を継続していました。ところが、寝過ごして仕事を休んだことがきっかけで仕事に行きづらくなってさぼり始め、結局寮を退所するようになりました。A男は、交際女性の家に転がり込み、無職となりました。不良交友も始まり、深夜遊び回ることも増えました。保護観察所から指導を受け、生活を正そうと焦って次の仕事を探し、

働き始めたところで彼女が男友達と遊んでいた事が発覚すると、Ａ男は怒り狂いました。そして、仲裁しようとした彼女の母を振り払い、手で押し倒して怪我を負わせたとして通報され、再び逮捕されました。母親は、あきれ果ててＡ男の引取りを拒否しました。交際相手は、Ａ男とは別れる決意をしていました。そうした状況で、私は少年鑑別所でＡ男と出会うことになりました。

試験観察決定──付添人の発掘資源

　鑑別所では、Ａ男は優等生的に振る舞いました。日記には、毎日丁寧な字で、いかに自分の考えが甘かったのか、繰り返し反省的な言葉を記載しました。少年院に送致されることを恐れ、緊張が高まってうわべの言葉を並べ、空回りしている感はぬぐえませんでした。しかし、他方で、嫌な事からすぐに逃げ出してしまうことや、感情コントロールの問題を改善したいといった意識は持っていました。これまでの２回の施設入所で、自分の問題点を深めたり、考えたりする方法を習得しており、前回の鑑別所入所時に比べ、確実に成長の跡がうかがえました。

　Ａ男が観護措置を執られてすぐ、弁護士付添人（以下付添人という）から連絡を受けて協議しました。母親は県外で再婚相手との関係が悪化し、精神病院に入院することになっていました。付添人とは、最終的な処分はともかく、Ａ男の帰住先が準備できるのかを急いであたることにしました。また、保護観察所とも同様の協議を行いました。しかし、どのような仕事の親方なり篤志家ならＡ男とあうのか、マッチングの問題も欠かせません。私の方でも、急ぎＡ男と面接を重ね、少年像について付添人や保護観察所と共有する方針としました。

　Ａ男は、自分ばかりが割を食っているとの被害意識があり、自己評価も低くなっていました。仕事を転々としていましたが、これまでに一つだけ、比較的長く続けられた仕事がありました。その間、交際女性がいて精神的に安定したことも影響していますが、詳しく聴くと、その社長からは親切にされ、期待されて慕う気持ちを持っていました。それゆえ、寝過ごして仕事を休むと行きづらくなっていったことが分かり、Ａ男には、期待に沿おうとして頑張った点をクローズアップしました。

　その後、付添人から、ある民間の自立のための施設の紹介を受けました。付添人と一緒に施設長と面談すると、とても受容的な女性の人で、施設も穏やかな雰囲気であり、Ａ男に合うのではないかと思いました。少年の地元に比較的

近いため、不良交友が心配の種にはなりますが、そのリスクを引き換えにしても、この施設がよいと感じました。もし少年を引き受けてもらった場合、少年が施設長に母親像を投影するなどして、わがままを言ってくることが予想されるところ、家庭裁判所が防波堤になるので抱え込まずに相談してもらいたいことや、付添人のフォロー態勢など、具体的な役割分担のイメージを含めて協議しました。

　A男は、民間の自立施設での生活を受け入れ、頑張りたいと意欲を示しました。審判では、その施設で生活しながら、自立して一人暮らしに向けて努力することを条件に、在宅試験観察決定となりました。

試験観察の始まり——少年の不安の除去

　付添人と協議し、私と毎週交代でA男と民間施設で面接することにし、その都度、互いに情報共有を図ることになりました。また、いざ施設への入所が決まっても、A男が仕事を始めるために保険証が必要だったり、細々とした必要物を自宅から持ってきたりする必要がありました。母親と再婚相手の協力が得られませんでしたが、この点は付添人がA男の生活に必要な物を取りに行くなどして、そろえてくれることになりました。

　審判があった後、付添人がA男を車に乗せて施設に送ってくれました。私と保護観察官は、別便で施設に出向き、現地で落ち合いました。保護観察官にも、ぜひ来てほしいとお願いすると、快く受けてくれました。

　ところで、私は、これまで少年を身柄付補導委託として、少年を自宅から離して試験観察した際、少年が補導委託先から飛び出してしまったという苦い経験が何度かあります。その大半は、1カ月以内に居なくなっています。その後、居場所が見つかった少年と面接して、少年の話から私なりに検証すると、少年が不安に駆られて逃走したものが大半でした。一見、補導委託先で対人トラブルを起こして嫌になったという少年であっても、その実、こんな関係が続くとやっていられないとの見通しのない不安に駆られている少年が結構多くいました。自分から他者との関係を変えていくことができない少年の弱さを痛感させられるとともに、自分の見立ての甘さを悔やみました。私の方が、少年は補導委託先でしっかり落ち着けるのかという不安から、約束事やルールを無意識的に強く言い過ぎていたこともあるのではないか、プレッシャーを与えていたのではないかと反省しました。そこで、少年に対しては、頑張りたいという前向きな気持ちを引き出すようにして、その実現のために約束事を決めるというよ

うに、意識を変えるようにしました。

　A男の例では、あくまでA男を安心させることを目的として、A男を囲んで、なるべく各々の人となりが分かるように、笑いのある雑談をするように心がけました。最後に、今後、A男が自活するために貯金をして、アパートを借りて一人暮らしをすることを目標にすることを確認し、試験観察の進め方について伝え、各自、それぞれA男を激励しました。

関係機関のケース会議──方針の共有と施設を支えること

　試験観察が始まって早い時期に、施設長ほか施設職員、保護観察官、付添人、家庭裁判所調査官で集まって協議の場を設けました。施設職員の移動負担を考え、協議の場は、保護観察官が定期駐在する際に使用する施設近くの会議室を確保してくれました。そして、今後、月に1回程度、定期的にケース会議をもちながら進めていくことにしました。特に、A男を日常的にみている施設に対しては、どんな些細な事でもよいので困っている事があれば出してほしいこと、A男に少しでもおかしいと思った事があれば、会議を待たず、まずは家庭裁判所調査官に伝えてほしいことを念押ししました。

　経験上、補導委託先や施設からは、少年の状況が悪化する兆候が出ても、すぐに連絡をくれない場合が往々にしてあります。特に、試験観察中の少年を預かった経験がなければ、こちらが連絡をほしいと思う内容やタイミングと、先方が連絡をすべきと考える内容やタイミングとは、ずれがあるのが通常です。困った事が生じても、何をどのように相談すればよいのか、家庭裁判所などの機関が何をしてくれるのか詳しくはよく分からないといった事情や、少年を預かると決めた以上、なんとか自分たちで対応しようとして、後手に回ってしまうことがあるように思います。これは補導委託先や施設の責任というよりは、仕組みを説明しきれていないこちら側の問題だと感じます。

　A男を預かるというのは大変な労力が必要であり、特に幼少期からの母親との愛着形成上の問題が現れてくることが予想されました。A男を枠付けする指導場面は家庭裁判所が後ろ盾になるので、施設は安心してA男のわがままな不満や悩みにつきあってほしいとして、他の関係機関も施設をフォローすることで一致しました。ケース会議は、私たちに一体感をもたらし、互いに鼓舞し、覚悟させるという意味でも効果的でした。

少年の素が出始める──少年への再動機付け

　Ａ男は、施設職員と一緒にハローワークに行き、すぐに就労先を見つけました。順調に就労を始め、施設の門限を守って生活を始めました。就労先の従業員との人間関係も目立った不満はないとして、自分から朝早く起きて出かけました。施設職員からは、自分を律して行動できていると評価は上々でした。しかし、一方で、自分の感情を乱して失敗しないよう、職場でも施設でも、必要以上に積極的な人間関係を持とうとせず、今が過ぎていけばよいというように、感情をはさまないで生活しているようにも感じました。

　２カ月も過ぎた頃、Ａ男は、交際相手ができたので外泊したい、さほど貯金ができていない状態にもかかわらず一人暮らしをしたいなど、様々な要求を出すようになりました。私は、Ａ男が早く施設を出たい気持ちを受け止めつつも、その準備のために今の生活があることを伝え、焦らないようにたしなめたり、励ましたりしました。実際、Ａ男なりに頑張って生活していることは分かりましたので、前向きな話になるように留意しました。Ａ男は、施設職員や付添人に対して、家庭裁判所を説得してほしいとして、味方になるように頼むようにもなってきました。

　付添人には、Ａ男の気持ちを聴いてあげるガス抜きの役割を担ってもらいました。また、付添人や施設職員の協力を得て、実際に一人暮らしをするための準備物や生活費など、一つずつ、Ａ男に具体的に考えさせるようにしました。Ａ男には、欲しい物がたくさんありました。しかし、施設で生活するまでは、働いてもいつの間にか金がなくなる状況でした。その気になれば、すぐに貯まるというのがＡ男の言い分でした。そんなＡ男に対し、収入と支出を見比べながら、どうすればそれが手に入るか、一人暮らしにしても、否定的に辛抱させたり禁止させたりするメッセージではなく、希望を目に見える形にして、そこに到達するための道筋を具体化して、前に進んでいることが分かるようにしました。

　大人の立場からすれば、結論としては、ただちにＡ男が一人暮らしを始めることは反対で一致しているのですが、Ａ男は、ひとたび一人暮らしをしたいと言い出すと、当初は何を言っても聴く耳を持ちませんでした。頭ごなしの否定は、これまでＡ男の母親が取ってきたやり方であり、とりわけこの事例では違う方法を取るべきだと考えました。施設職員とＡ男との関係が悪化すると、Ａ男は強行して飛び出しかねませんので、施設職員にはＡ男の激励に留めてもらいました。他方、付添人とは、付添人がＡ男に寄り添い、一緒に一人暮らしの

ための必要経費を算出してあげるよう援助し、結果を裁判所に示して、裁判所が許可を判断するという形で役割分担しました。付添人は、「これだと裁判所は許可してくれないわ。こうしたらどうか」と、うまく現実的な数値に落ち着くよう誘導してくれ、少しずつA男の納得も得られました。

少年の再非行と中間審判──再非行の意味を考える

　一人暮らしの実現に向けた話し合いを進めるうち、A男は、施設の職員に以前よりもよく話しかけるようになりました。どちらかと言えば、以前よりもわがままを出すようになりました。しかし、施設のルールはきちんと守っていましたので、施設の職員はむしろ良い兆候と捉えてくれ、A男と親しく話をしてくれました。A男は、一人暮らしの件にしても、自分なりに心に収めて我慢したと思われました。おそらく、以前のA男ならこの時点で、もう施設生活は我慢できず、続けられなかったのではないかと思いますが、ここで投げ出さずに自分を抑えられたのは、粗暴非行を起こして少年院に入院した中で矯正教育を受けた効果であろうと思いました。更には、その前の児童自立支援施設での教育も影響していると思われます。

　そういう意味では、まずまず順調に進んでいると思っていた矢先、試験観察を始めてちょうど３カ月を過ぎた頃、A男がバイクで地元の友達と一緒に走っているとの情報が入ってきました。A男は無免許です。確からしい筋からの情報ですが、警察による立件は見込まれませんでした。付添人からA男に確認すると、渋々A男は事実を認めました。比較的地元の施設である心配が、現実のものになってしまいました。A男は紅潮して繰り返し謝り、もう一回だけチャンスをほしいと懇願しました。A男は、当初の気持ちが緩んできたことと、遊びを辛抱して働いてばかりで、バイクに乗って発散したかった胸中を述べました。

　関係機関のケース会議では、意見は割れました。施設生活が限界に来ているA男のSOSであり、これ以上の試験観察継続は難しいのではないかという意見と、A男は辛抱して頑張っているところで、バイクの無免許運転は調子に乗ったところはあるにしても息抜き的な逸脱行為であり、ここで試験観察を打ち切って少年院に送致することはA男にとってマイナスになるのではないかという意見です。

　私は、常日頃、いつも少年とはピンチとチャンスが裏表の関係にある状態で出会うと感じています。少年鑑別所では、処分を前にして、少年は相当ピンチ

の状態に追い込まれていますが、それゆえに自分を振り返って更生に舵を切るチャンスを秘めていますし、試験観察中の再非行は、まさにその極みと言えるかもしれません。少年院に入るにしても、試験観察を続けるにしても、ピンチをチャンスに変えられるかが大切なように感じます。

　ケース会議での意見は、一見対立していますが、実際は、皆、どちらも一理あると思っていたように思います。処分については、さほどこだわりのある発言にはなりませんでした。それよりも、そのような少年だとすると、どうすればよいかという議論に自然となり、Ａ男の目標達成を更にスモールステップにして、貯金が溜まるのに合わせて、施設で決めていたルール（外出の制限など）を段階的に緩やかにしていくことで、Ａ男の前向きな意欲を持続させながらストレスの緩和が図れるのではないかとの意見でまとまりました。対立意見を包含する処遇指針が生まれたことは、新鮮な感動でした。そして、結果として、試験観察の続行が適切ではないかとの結論に帰結しました。反対意見はありませんでした。付け加えると、Ａ男には、今のうちに原付免許だけは取得させてしまおうとの方針も立てました。裁判官には、そのような中間報告をした上で協議を行った結果、中間審判が開かれることになりました。

　Ａ男は、相当焦っていました。施設には徹底してＡ男の頑張りを認める役割を取るように打ち合わせていました。施設長は、審判が始まるまでの間、Ａ男の肩をさすってあげ、気持ちを落ち着かせてあげていました。ケース会議のメンバーは、全員審判に出席しました。裁判官は、少年の言葉を丁寧に拾ってその時々の感情を明確化させるとともに、施設の評価に免じて、もう一回だけ試験観察を続けるので、関係機関の期待を裏切らないようにと説諭しました。

少年の荒れ──少年を抱える施設の力

　Ａ男は、中間審判を経て、施設に対する信頼感が格段に増しました。そう仕向けたとはいえ、担当調査官としては、やや寂しい思いがする状況です。試験観察が５カ月も過ぎたところで、Ａ男に一つの転機が訪れました。Ａ男は、最近交際を始めたという女性と仲違いし、別れることになりました。私は、いつの間に前の交際女性と別れて新しい交際女性ができていたのかと思いましたが、今回の交際女性と別れた後、Ａ男は施設内で荒れました。

　Ａ男は、幼い頃から母親に甘えられず、愛着形成上の問題を抱えていました。私は、この事を本稿で繰り返し述べていますが、それは、Ａ男の非行の根は、そこが大きいと思っているからです。そういう眼で、改めて本稿の「生活歴─

─感情的な母親と落ち着けない少年」を読み返していただければと思います。Ａ男の非行は、どれもが母親との愛着形成上の問題が絡んでおり、試験観察の元になった非行でさえも、母親の代わりとなった交際相手との間でトラブルになった事件とみることができます。そして、この問題は、矯正施設でもなかなか解決が難しい問題であり、そこから端を発して表出される粗暴性や感情コントロールの問題は、Ａ男がそうであるように、収容処遇でも非常に効果が期待できるところなのですが、愛着の問題は、最後まで積み残されることが多いと感じています。そうした少年の中には、いつまでも女性トラブルが繰り返されている場合があるように思います。

　施設の職員らは、涙するＡ男に対し、夜通しじっくり耳を傾けて聴いてあげ、文字通り体ごとしっかり受け止めてあげました。こうした働きかけは、到底、私にできることではありませんでした。

　しばらくＡ男は不安定な状況が続いていましたが、やがてＡ男は、その施設を自分の家だと言うようになり、休日は施設長と一緒にショッピングや映画に行くまでになりました。Ａ男は、自立のために貯蓄をして施設を出て行くことを目標にしていましたが、交際女性とも別れてしまい、その動機自体が後退していきました。関係機関とのケース会議では、Ａ男にはある程度長期的な処遇を念頭に置き、施設で様々な話を聴いてもらいながら、緩やかに自立していくことが適切との方向でまとまりました。そして、今後は保護観察所を軸として、施設と付添人がＡ男の生活をサポートしていくという態勢を確認し、試験観察を終えることになりました。最終審判には、いつものケース会議のメンバーに出席してもらいました。Ａ男は、保護観察に付する処分となり、引き続き施設で生活を続けることになりました。

　Ａ男のその後については、まだしばらくは紆余曲折を辿ることになりますが、本稿ではここまでとさせていただきます。また、本稿は、関係機関との連携についてクローズアップしていますので記載を省略していますが、裁判所内部において、家庭裁判所調査官は、裁判官、書記官とも情報を共有した上で方針を定めており、職種間での連携を密に行うように意識しています。また、同じ家庭裁判所調査官同士でも、少年係を担当するメンバーで組を構成し、事案に応じて組内でケース会議を開くなどして、進行方針を検討したりしています。

連携について日頃感じる課題

「縦」の連携と「横」の連携

　少年司法手続の流れを考えると、少年が非行をすると、通常、まず警察が捜査をした後、検察庁を通って家庭裁判所に事件送致されます。そして、家庭裁判所の審判で処分を決定することになります。処分の種類は様々ですが、一定の重い処分を考えてみます。

　処分の一つに、保護観察に付する決定があります。その場合、保護観察所がその後の処遇を行います。そのほか、少年院送致決定があります。その場合、少年院が少年を処遇します。そして、少年院で処遇を行った後、仮退院となって社会に出ます。しかし、社会に出てからも保護観察を受け、一定期間、社会内での生活状況を見届け、ようやく少年は本退院となります。また、同じ施設収容でも、より家庭的、福祉的な施設として、児童自立支援施設送致決定を受けることもあります。この場合、少年は児童相談所を通じて児童自立支援施設に措置されて処遇を受けることになります。

　このように、時間軸から考えると、少年事件は、基本的に各関係機関が「縦」につながっていることが一つの特徴です。その中でも、少年の身柄を拘束しなければならない一定の重い事件では、警察が少年を逮捕してから審判を行うまで、非常に限られた日数の中で手続が進みます。関係機関が縦につながってパスすると言っても、陸上競技で例えるなら、さながら4×100メートル走のような、短距離走のバトンパスに近いと思います。各関係機関は、時間と勝負し、全力で走って次の機関にパスをする構造になっています。家庭裁判所という決定機関の立場からすれば、次にバトンを渡す処遇機関に対して、少年をなぜその処分にしたのかという理由とともに、少年の再非行防止のためにどのような処遇が必要であるのか処遇指針を示し、そうした情報を的確に処遇機関に伝達するということが一つの重要な役割になると思います。そうした処遇機関との連携、すなわち縦の連携の大切さがこれまで非常に意識されてきました。

　他方で、それと同時に、特に問題性の大きな少年ほど、とりわけ「横」の連携が極めて重要になると思います。横の連携とは、時間軸で言えば、同時進行的に関わる関係機関同士の連携です。

少年の辿った道を振り返ってみる

　私は、少年事件に習熟するためには、少年が辿ってきた人生について、きちんと振り返ってみることが、どうしても必要になると考えています。家庭裁判所調査官には、少年の将来に向けた行動予測が求められています。それは、処分決定後、少年がどのような道を辿るのかを事後的に把握していかなければ、容易に習熟できる能力ではないと考えています。これまで、限られた少年の数ではありますが、再非行を繰り返す少年の事例について、それに関わった関係機関（ただし、現在も関わっている機関）で集まって、振り返りを行うとともに、今後どのような処遇を行えばよいのかを検討したことがあります。状況が改善されないまま再非行を繰り返す少年事例を前にすると、これまで関わってきた関係機関はある種の敗北感を抱いていました。しかし、他の機関からパスをされ、自分の機関がバトンを手にしている間は、各機関とも、その時点ではこれが最善だと思える手を打とうとはしていました。その中で、多くの少年が崩れるのは、バトンを渡した直後からしばらくの間が多いと感じています。特に、何らかの施設から退所した後は要注意だと感じます。少年院から仮退院して保護観察になった後、あるいは児童自立支援施設から退所した後というように、少年の環境が変わる点をどうフォローしていくのかが非常に大切だと思います。縦のパスで、つなぎ目が問題にならない事例は、それだけまだ少年自身に力があったり、フォローしてくれる環境が整っていたりするということになりますが、問題の大きな少年ほど、ここが思うようにいきません。そこで、「横」の連携が重要になってきます。イメージとしては、パスをしたらすぐに手を引いてしまうのではなく、他の機関ともしばらく併走した後、緩やかに次の機関につなぐ方がスムーズにいくことが多いと感じています。

併走するということ

　Ａ男の事例は、試験観察決定の中で少年と関わりました。少年は保護観察を受けている状態でしたので、直接的に保護観察所、家庭裁判所が同時に関わっています。そして、まだ最終的な処分が出る前ですので、付添人も少年を担当している状態です。家庭裁判所としては、縦パスとして、少年院なり再度保護観察所の指導に委ねるなどの決定をしなければなりませんが、それまでの間、各関係機関が横の連携をし、互いに横パスを繰り返し、いわば併走しながら、次のステージにつなぐことを意識しました。

　ただし、裁判所は決定機関であり、処遇機関ではありません。試験観察も、

ただちに処分が決定できない場合に、一定期間、少年の状況を観察するというものであり、その目的は適切な処分を決めることにあります。そうした司法機関としての役割を意識しながらも、家庭裁判所調査官は、環境調整として、縦の連携だけではなく、横の連携もうまく働くように働きかける必要があるように思います。試験観察は、そのための貴重な方法になり得ます。そのほか、少年院送致、保護観察、児童自立支援施設送致といった保護処分をした後には、動向視察の制度があります。その中で、決定後も、処遇機関と一定の横の連携を取り得る機会が得られます。

　各関係機関が、それぞれの立場や方法で、どのように縦パスの際、つなぎ目を厚くしていけるのかが大きな課題だと思います。

「連携」のイメージを共有すること

　「連携」という言葉は、様々な場面で用いられています。少年事件でも、それは当たり前のように使用されています。ところが、そのイメージは必ずしも一致していないように思います。少年事件では、経験上、連携は自分の所属する機関を中心にみて考えがちであるように思います。例えば、保護観察所であれば、少年にきちんと保護司との約束を守って来てほしい、あるいは少年が在籍する中学校であれば、卒業まできちんと校則を守って、学校内では授業の邪魔をしないでほしいとか、当然、それぞれ機関ごとに達成したい課題を持っており、連携をそれに役立てたいとの思惑があると思います。家庭裁判所とて同じです。それ自体は何も悪いことではないのですが、連携と言えば、とりあえず情報共有ということになって、次にその情報を用いて、バラバラに自分の機関の処理についてのみ考えてしまう。そうすると、他の機関には「こうしてもらえるとありがたい」という要望の形だけが表れてきます。この形が固定化してしまうと、連携と言えば、他の機関をどう利用できるのかという方法論になってしまい、互いの要望が交錯する中、少年への処遇が一貫したものにならなかったり、下手をすると他機関からの連絡を快く思わなくなるといった事態になりかねません。往々にして、電話で簡単に済ませようとすれば、このような事態に陥る危険性があるように思います。

　これに対し、連携がうまくいったと思えた事例を振り返ってみると、各機関の立場や意見は違うけれど、少年をこういう方向にもっていこうという大きな観点からの大まかな一致があり、その中で、自分の所属する機関は何ができるのかという事を提示しあえていました。役割分担にしても、ここは自分の機関

ができるとか、こういう方法があるといった提案があり、建設的な協議になりました。すると、少年への関わり方が重層的なものになり、それが効を奏したと思える時には、チームのような一体感が生まれました。連携によって何を達成しようとするのかについて、議論して共有しておくことが大切であるように思います。

少年司法における
諸機関連携にあたっての課題への取組み

岡田行雄（熊本大学教授）

はじめに——論点の整理

　以上のインタビューや論考で示された連携事例の成果や連携にあたっての課題に基づいて、ここでは以下の論点について検討を加えたいと思います。
　まず、少年司法において様々な機関やその担い手が連携する場合、何のための連携かということが論点となります。家庭裁判所などの公的機関のための連携なのか、それとも非行少年のための連携なのかが問われなければなりません。
　次に、そうした連携はどのようなものであるべきなのでしょうか？　そして、どのようにして、あるべき連携は実現されるべきなのでしょうか？　これが次の論点となります。
　さらに、そうした連携の核となる担い手は誰であるべきなのでしょうか？　しかも、その連携の担い手をどのようにして確保すればよいのでしょうか？　これが3番目の論点となります。
　最後の論点は、少年司法におけるあるべき連携を作りあげるだけでなく、それを発展させていくためにはどのような具体的な取り組みが必要となるかという点です。
　これらの検討を通して、少年司法における諸機関のあるべき連携を実現する道筋を明らかにすることが、本書のまとめとなる部分での課題となります。

何のための連携か？
——少年法とその上位規範からの要請

　まず、少年司法における、関係する様々な機関やその担い手たちの連携は何のためなのかを考えていきます。

そもそも少年司法は少年法に基づくものなので、少年司法における諸機関連携も、もちろん少年法が掲げる、「少年の健全育成」のためのものでなければならないはずです。しかし、個々の法律は、その上位にある規範が求めるところから解釈されねばなりません。そこで、日本国憲法に照らして、この「少年の健全育成」も解釈されねばならないのです。
　さらに、日本は、1994年に子どもの権利条約を批准していますので、子どもの権利条約も、また少年法の上位規範であり、これに基づいて少年法の目的を解釈することも求められます。
　このように少年法の目的を、日本国憲法や子どもの権利条約に照らして解釈しようとする取り組みは既に葛野尋之さんによってなされています。その成果によれば、少年法における「健全育成」とは、少年の自律的な人格を尊重した上で、その全面的発達を保障することを意味する成長発達権として再構成されねばなりません[1]。言い換えると、少年に服従を強いる「保護」は否定されねばならないのです。したがって、この「健全育成」とは、非行少年について見ると、その非行を主体的に克服して、上の意味での成長発達を遂げることを意味することになります。
　さらに、葛野さんの研究成果によれば、こうした非行克服プロセスにおいても、少年の主体性が保障されねばなりません。そのために、少年司法のあらゆる局面において、少年が手続に参加することも保障されなければならないのです[2]。
　したがって、こうした上位規範からは、少年司法における諸機関連携には、少年の主体的な非行の克服という意味での成長発達に向けたものであることが要請されますし、同時に、少年の手続参加を進めるものであることも要請されるのです。
　また、近時、日本は障がい者の権利条約も批准しました。この条約は、締約国に、障がいを、個人の問題であり、病気・外傷等から直接に生じるものと捉える医学モデルで捉えるのではなく、それを社会によって作られた問題とみなし、個人に帰属するものではなく、その多くが社会環境によって作り出されるものと捉える社会モデルで捉えています（1条）。その上で、そうした意味での障がいによる差別を禁止し、合理的配慮が提供されることを確保するためのすべての適当な措置をとることを義務付けています（5条）。そこで、この条約からは、少年司法における諸機関連携が、社会モデルにいう障がいのある少年に対する合理的配慮の提供となることも要請されるのです。

どのような連携であるべきか？

上からの連携か、ヨコ型の連携か？

　非行少年の主体的非行克服という意味での成長発達、少年の手続参加、そして障がいのある少年への合理的配慮の提供に向けた、少年司法における諸機関連携でなければならないとすれば、この連携はどのような連携であるべきなのでしょうか？

　諸機関の連携と言う場合、それぞれの機関に属する担い手がつながることがイメージされますが、この機関に上下関係があり、上からの申し出を契機に連携する場合は上からの連携と言うことができます。本書で取り上げたもので例えば、ドイツにおける公的機関としての少年法の家における検察、警察、そして少年局などの間の連携がこれに当たると言えましょう。

　これに対して、それぞれの機関に属する担い手の間には必ずしも上下関係がない、あるいは上下関係があるとしても、下から上を動かして連携しようとするものを、本書ではヨコ型の連携と言うことにします。

　以下では、上のような目的で少年司法における諸機関連携を実現する場合、上からの連携が妥当なのかヨコ型の連携が妥当なのかを考えてみたいと思います。

上からの連携の問題点

　まず、上からの連携の妥当性から考えてみたいと思います。この例として、ドイツの公的機関としての少年法の家がありますので、この少年法の家でのインタビューを素材にして、その妥当性を考えてみたいと思います。

　こうした少年法の家が設立された背景としては、少年司法の手続にかかる時間を短縮すること、そして、その短縮を通して、少年の再犯を防止することが挙げられます。従って、ここでの連携というのは、まさに時間短縮や再犯防止を目的としたものと言えます。そして、少なくとも時間短縮効果については外部機関の検証によっても明らかにされていますし、再犯防止についても、ケルン少年法の家によってまとめられた年次報告書では、その効果が明らかにされています。

　しかし、この公的機関としてのドイツ少年法の家の取組みが少年にとっては抑圧的なものであると評価され、少年たちへのアンケートからは、警察や少年

係検察官が少年の手続参加を阻害したと思われる事案も存在します。そうすると、こうした上からの連携が、非行少年の成長発達、少年の手続参加という観点から妥当であるかは疑問と言わざるをえません。

他方、公的機関としてのドイツ少年法の家が、少年司法手続にかかる時間短縮を至上命題とするが故に、非行少年の成長発達や少年の手続参加と矛盾するという帰結がもたらされるのであって、そのことから、直ちに上からの連携が妥当でないとは言えないのではないかとの疑問もありえます。

しかし、上からの、ある意味では強いられる連携は、ドイツとは比べ物にならないほど財政がひっ迫している日本においては、少年司法手続にかかる時間短縮であるとか、手っ取り早い威嚇や監視による再犯防止という目的に向けられてのものにならざるを得ないのではないかという危惧を拭い去ることができません。さらに、上からの連携そのものが、非行少年の主体的非行克服という意味での成長発達、少年の手続参加、そして障がいのある少年への合理的配慮の提供を目的とする諸機関の連携と根本的に矛盾せざるをえないのではないかという疑問も拭い去ることができません。というのも、上からの連携においては、それぞれの機関が上からの要請に応じて必要な範囲で連携するというものになり、それは必然的に、それぞれの機関に要請された役割だけを果たせばよいという意味での縦割りにならざるをえないからです。そして、縦割りの場合、野口さんのインタビューにもあるように、連携とはならず、むしろ、それが連携を阻害しやすいというのが現実であるように思われます。また、本書における、鍵本さんのご指摘にもあるように、こうした縦割りとなると、機関から機関への「バトンパス」に際して、それぞれが手を引いてしまうことを通して、例えば障がいのある非行少年に対して十分な合理的な配慮が提供されず、それを通して、その少年の成長発達が阻害されるということも生じざるをえないのではないでしょうか。

従って、少年司法における諸機関連携が、非行少年の成長発達、少年の手続参加、そして障がいのある少年への合理的配慮の提供を目的とするものである限り、上からの連携には問題があり、妥当とは言えないように思われます。

ヨコ型の連携の妥当性

それでは、ヨコ型の連携の場合はどうでしょうか。

本書で各地の弁護士さんが紹介された少年非行の事例における連携の取組みは、全て、上からのものではなく、弁護士付添人がいわば核となって、様々な

機関に動いてくれるよう働きかけるという点で、上下関係のものではなく、ヨコ型と言えるものばかりです。また、廣田さんが紹介された取組みも、スクールカウンセラーが核となるという点での違いはありますが、やはりヨコ型と言うべきものでしょう。

　さらに、ドイツの民間機関としての少年法の家が取り組む諸機関連携も、やはりヨコ型というべきものです。しかも、注目されるべきは、この取り組みが、罪を犯した少年に長期間の教育的働きかけを社会内で行うという施設収容の回避を目的としており、しかも、その取り組みは少年による電話相談から始まるということから、非行少年の主体的な非行克服や少年の手続参加という、少年司法における諸機関連携のあるべき目的に適っているという点です。

　また、野口さんのインタビューでは、家庭裁判所や保護観察所などと就労支援を担う協力雇用主とが手を取り合うという形の、ヨコ型の連携が大事であることが語られています。その野口さんの就労支援の手法が、少年の良いところを見つけて、とにかく褒めて、少年にやる気を出してもらうように努めるということであり、まさに、非行少年の主体的な非行克服を支援するものであり、これもあるべき目的に適っていると言うことができます。

　なお、ここで言うところのヨコ型は、鍵本さんが指摘される「横」の連携とは内容が異なりますが、それと矛盾するものではありません。さらには、鍵本さんが、連携がうまくいったと思えた事例の振り返りから、各機関の立場や意見は違うけれど、少年をこういう方向にもっていこうという大きな観点からの大まかな一致があり、その中で、自分の所属する機関は何ができるのかという事を提示しあう、あるいは、役割分担にしても、ここは自分の機関ができるとか、こういう方法があるといった提案があり、建設的な協議になり、チームのような一体感が生まれるという連携は、まさにここでいうヨコ型の連携によって生み出されたもののように思われます。鍵本さんのご論考には、非行少年を取り巻く環境が変わる継ぎ目のときにフォローできる連携こそが、少年そのものに十分な力が備わっていないときには必要不可欠になるとの趣旨のご指摘がありますが、ヨコ型の諸機関連携こそ、こうした切れ目のない対応を生み出すことと親和性を持ち、そうであるが故に、例えば、障がいのある非行少年にとっての合理的配慮の提供となりえるのです。従って、ヨコ型の連携は、この点でも、連携のあるべき目的に適っていると言えます。

　以上の検討によれば、ここで言うところのヨコ型の連携こそ、少年司法における妥当な諸機関連携の型となるのです。

連携において重要なこと

ヨコ型の連携のパターン

　それでは、ヨコ型の連携を作っていく上で重要なことは何でしょうか？　これを検討するために、本書で紹介された連携事例を通して、ヨコ型連携のパターンを見ておきたいと思います。

　まず、弁護士付添人が様々な機関と連携した事例の場合、弁護士が少年事件の弁護人あるいは付添人として選任されたことを契機に、その少年の成長発達のために、就労支援機関、学校、児童相談所や児童福祉施設、医療機関、心理職などと連携し、その成果を家庭裁判所における少年司法手続に反映させようとするものが主流です。他には、熊本の「職親の会」や「子どもの司法と精神保健・福祉を考える会（熊本）」のような団体や研究会を立ち上げることを通して、ヨコ型の連携を実現させようとするものもあります。

　もう1つのパターンとして、廣田さんのご論考に見られるように、スクールカウンセラーが呼びかけて、家庭裁判所調査官、弁護士付添人、学校の様々な教員、さらには少年本人やその保護者が参加してのケース会を実現させる形でのヨコ型の連携例もあります。なお、廣田さんが志向するケース会と全く同じではありませんが、それと似たようなケース会議は、ドイツの民間機関としての少年法の家だけでなく、「上からの連携」の例として取り上げた公的機関としてのドイツの少年法の家においても開かれています。とりわけ後者でのケース会議は、それに参加する者がお互いの役割を理解しお互いに尊重することにつながるだけでなく、それに少年も参加でき、その中で少年が十分に意見を述べられるという条件が満たされるのであれば、少年の手続参加を実現させるものとも言えそうです。その意味では、「上からの連携」で始まった、公的機関としてのドイツの少年法の家においても、ヨコ型の連携の要素が取り入れられていると言えましょう。

ケース会などの役割

　それでは、上で取り上げたヨコ型連携のパターンとしての職親の会のような団体、研究会、そしてケース会は、どのような役割を果たしているのでしょうか。

　まず、職親の会は、松村さんによれば、もともと家庭裁判所調査官の発案で

始まったものが、職親同士のヨコのつながりがない中で、職親同士の情報交換を密にしてつながりを作り、他方で職親の会を組織化して関係者に周知するために組織化されたものです。つまり、この会の役割は、元非行少年を雇用した経験を職親間で共有することなどを通して、元非行少年の成長発達をより良く達成させるところにあると言えそうです。

　次に、子どもの司法と精神保健・福祉を考える会（熊本）については、古田さんのご論考では、少年に関わる医療、福祉、司法の関係者がお互いに顔の見える関係になるとともに、相互の領域で用いられている言葉がお互いに説明が必要であることを学び、そしてお互いの専門的な活動の内容を理解でき、お互いに協力すべき関係にあることを知るなどの効果が語られていることから、やはりこの会に参加する専門家の間での相互理解を深める役割があると言えます。

　さらに、ケース会は、廣田さんによれば、非行少年が主体的に非行を克服する上での様々な課題をクリアしていくための「次の一手」を模索し、実践し、次回にそれを検証することをモットーとしており、このケース会が少年の応援団であることが認識されることで少年やその周囲に変化が生じ（ケースが動き）、各機関の役割が明確となり相互の信頼が深まるためのものです。また、安西さんによれば、ケース会議に参加するメンバーが、それぞれ知らない点を教え合うことで、どのように関わることが、問題となっている非行少年の成長発達に向けた処遇のヒントを生むものでもあります。

　このような、本書における指摘に鑑みると、少年司法の様々な担い手が集まって忌憚のない情報交換を行える団体や研究会、そしてケース会は、ヨコ型連携のまさに中心であることが理解できると思います。

ケース会などにおいて重要なこと

　次に、ヨコ型連携の中心と言える、様々な機関の担い手が集う研究会やケース会において重要なことは何かを考えてみましょう。

　まず、こうした集まりに究極的に求められることは、非行少年の成長発達、少年の手続参加、障がいのある少年への合理的配慮なのですから、こうした目的に向けた、参加者の間における必要にして十分な情報の交換が重要となります。しかし、当初はお互いが何者かすらわからないことも少なくないでしょうから、まずは、ケース会などの場での、具体的な少年事件をめぐるやりとりを通して、お互いがどのような仕事を行っているのか、そしてどのようなスキル

や人とのつながりを持っているのかに関する情報を交換できることが求められます。そして、こうした情報交換を重ねる中で、お互いに顔見知りとなることが必要です。

次に、このような情報交換を機能させる前提としては、必然的にお互いの間に存在しているかもしれない、「垣根」を取り払うことも求められます。野口さんも、家庭裁判所のみならず、様々な機関にこびりついている縦割り慣習に基づく「垣根」が、非行少年の成長発達などに向けた連携を阻害していることを示唆されています。鍵本さんのご論考では、連携が単に他の機関を利用することに止まり、非行少年への処遇が一貫したものにならないなどの問題が生じる危険性が指摘されていますが、これも「垣根」が取り払われないことの弊害と言えます。こうした「垣根」の形成には、お互いの機関の担い手がそれぞれ多忙であるだけでなく、お互いの職務内容に対する先入観や偏見があることも関わっていることも少なくないと思われます。そこで、この「垣根」を取り払うには、ケース会などの場において、まずは、お互いの先入観や偏見を取り払うことも重要になります。

さらに、ケース会などに参加する各機関の担い手がお互いの業務や専門領域について相互に尊重する姿勢を持つことも、ケース会などを意義あるものにするためには必要不可欠な条件であると言えます。ドイツの少年法の家におけるインタビューを通しても、様々な場面において、様々な機関が相互にその業務や職責を理解し、尊重し合うことがヨコ型の連携には必要であることは明らかですし、このことは、子どもの司法と精神保健・福祉を考える会（熊本）の成果から見ても明らかであるように思われます。

以上のような取り組みは、ケース会を意義あるものにする大前提であるだけでなく、それを通して、ケース会や研究会などの適切な参加者を増やし、結果的に連携の相手となる担い手の質と量の増強に資するものとも言えるでしょう。

連携の核となるのは誰か

連携の核となるのは誰か？

本書で紹介していただいたヨコ型の連携を見ると、必ず、その連携の核となる人が存在していることに気づかされます。つまり、誰かが、連携の核となって、様々な機関の担い手への参加要請を根気強く行っていくことが、ヨコ型の

連携を作る上で必要不可欠であることが窺われます。

　こうした連携の核となる担い手としては、本書で紹介されたケースを例にとると、公的機関に属する者として、家庭裁判所調査官、保護観察官、児童相談所の児童福祉司が、民間の担い手として、弁護士付添人、スクールカウンセラー、就労支援事業者機構などが考えられます。もちろん、これらの担い手のうち、誰が連携の核であっても構わないはずでしょうし、ケース毎に連携の核を担う者は多様であるべきなのかもしれません。

　とりわけ家庭裁判所調査官の場合、少年法によって家庭裁判所に認められている、調査及び観察のために保護観察官や児童福祉司などに必要な援助をさせ（16条1項）、あるいは、その職務を行うについて、公務所、公私の団体、学校、病院その他に対して必要な協力を求める（16条2項）権限に基づいて、これらの担い手や機関と連携することは容易であると言えるでしょう。しかし、こうして作られる連携は、まさに上からの連携であり、それゆえに、様々な問題を生じさせることが懸念されます。また、福祉機関との連携の在り方についての編者の論考で触れたように、家庭裁判所調査官は頻繁に転勤を繰り返しますので、連携の相手方となる機関の担い手と顔見知りの関係になる頃には、また転勤してしまうために、お互いに信頼関係を作ることが難しいという、ヨコ型の連携を作る上での難点も抱えています。転勤がついてまわるという点は、保護観察官や児童福祉司にも当てはまりますので、ここにもやはり難点があると言わざるをえません。ドイツのように、一カ所に腰を据えて少年の様々な問題に取り組む公的機関の職員が育てられていない日本においては、家庭裁判所調査官を始めとする公的機関の担い手に、ヨコ型の連携の核を期待することはできないと言わなければなりません。

　従って、ヨコ型連携の核として期待できるのは、民間の担い手ということになりそうです。もっとも、スクールカウンセラーの場合、基本的に、学校に属している少年による事件に、その活躍の場面が限られてしまうという問題があります。就労支援事業者機構にもこの問題は当てはまります。そうすると、ヨコ型連携の核として期待できる者として残るのは弁護士付添人だけということになります。

　しかし、消去法によって、弁護士付添人がヨコ型連携の核となるべきなのでしょうか？　そうではなくて、むしろ、以下のような積極的な理由から、日本においては、弁護士付添人こそがヨコ型連携の核となるべきと言えるように思われます。

まず、弁護士付添人は、各弁護士会に属する弁護士として、多くの場合、その土地に根付いて様々な弁護士業務を行っているために、連携の相手方となる様々な機関の担い手との信頼関係が一度築かれれば、その関係が長続きしやすいという、公的機関に属する担い手とは大きく異なる特徴を有しています。次に、付添人の役割については諸説がありますが[3]、少なくとも、日本国憲法などの上位規範に照らせば、弁護士付添人は、少年の手続参加、非行少年の成長発達、そして障がいのある少年への合理的配慮の提供に向けた活動が期待されており、まさにヨコ型連携の目的と合致する活動を行う担い手でもあります。さらには、弁護士は、弁護人として捜査段階から少年に対する法的助言を提供することに始まり、家裁送致後は付添人として家庭裁判所における手続が終結するまで、少年に関わり、非行少年への処遇が決定されてからも、鴨志田さんの実践例のように、少年に関わることが可能であり、手続から処遇まで少年に一貫して関わり続けることができるという他の担い手にはない特徴があるのです。

　なお、ドイツにおいては、弁護士が諸機関連携の核となる働きをしているわけではないようですが、これには、様々な問題を抱える少年を支える様々な民間機関が活動していることに加えて、少年司法の他の担い手が地域に根付いて活動していることもあって、弁護人である弁護士が連携の核となる必要がないという事情が関わっているように思われます。少なくとも、日本においては、様々な問題を抱えている非行少年を支える民間の機関は、その質・量ともに十分とは言えません。従って、弁護士付添人に連携の核としての期待が高まらざるをえないという側面もあるのです。

弁護士を連携の核とする場合の課題

　しかし、弁護士に連携の核となることを期待するには、克服しなければならないいくつかの課題もあります。

　野口さんのインタビューや知名さんのご論考からも明らかなように、弁護士付添人の中には、少年の成長発達に向けた諸機関との連携に積極的ではない、あるいは積極的ではあっても、少年についての理解が十分ではないという弁護士も少なくないからです。

　そこで、例えば、各弁護士会の子ども権利委員会などが、研修などの機会を通して、ヨコ型の連携の核となる弁護士を養成していくことが必要となります。既に多くの弁護士会で取り組まれていると思われる付添人活動の研修にお

いて、諸機関との連携の実践例紹介などを通して、様々な担い手との連携の作り方などについて学ぶ機会を提供することは決して難しいことではなく、今すぐにでも実現可能な取組みと言えます。

　しかし、心ある弁護士の皆さんに、少年司法における連携の在り方などを学ぶ機会を各弁護士会が提供するだけで、上で挙げた課題への取組みとして十分とは到底言えません。なぜなら、付添人となる弁護士の多くは、必ずしも経済的に恵まれている状況にあるわけではないために、諸機関との連携に積極的になれなかったり、少年についての情報を十分に集めることができなかったりするという面もあるからなのです。このような状況で、他の業務に支障を来しかねない研修に出るように頑張れと言うだけで、弁護士付添人が連携の適切な核となれるとは思われません。

　確かに、付添人としての活動には、国選付添人以外でも弁護士に金銭的な手当てがつくことが普通になりました。しかし、鴨志田さんが取り組まれたような、保護処分決定後の少年の成長発達に向けた諸機関連携に手当てが出る仕組みは未だに整えられていません。加えて、鴨志田さんが取り組まれた事例のように、少年の保護者と弁護士との間で委任契約が締結されて弁護士が報酬を受け取ることができればよいのですが、非行少年の保護者には、弁護士にきちんとした報酬を支払う資力がない場合が圧倒的です。

　このような現状を打破するためには、福祉機関との連携の在り方のところでも触れたように、保護処分決定後になされる元付添人などの弁護士による少年の成長発達に向けた連携の核となる活動などに、何らかの金銭的な手当がなされる制度が構築される必要もあります。ただし、これを国に支出させようとすると、再犯防止が強調される現状では、弁護士が、弁護士法に基づく弁護士の任務に反しかねない、少年の監視を担わされてしまうことが危惧されます。あくまで、非行少年の成長発達に向けた弁護士の活動への手当てでなければなりません。そうするための知恵を絞る必要があります。

　そこで、まだ構想段階に過ぎませんが、保護処分決定後になされる元付添人などの弁護士による、非行少年の成長発達のための様々な活動への手当として、保護者が自らの子どもの様々な権利を保障してもらうための保険制度の保険給付として、弁護士に手当てが出るような仕組みを作ることも一案ではないかと思います。例えば、PTA共済制度のような、小さな掛金で少年の成長発達の権利を保障することができ、弁護士も安心して活動できる仕組みの検討を、各弁護士会の子どもの権利委員会レベルから始めて、日本の隅々まで広がるよう

にすることも、これからの少年司法における諸機関連携を機能させていくために、日本弁護士連合会レベルで取り組むべき喫緊の課題ではないでしょうか。このような課題への取組みを通して、少年の権利保障に尽力する弁護士への手当てが拡充することによって、少年司法における諸機関連携の質と量が高まる動きが活性化するものと思われます。

非行少年の成長発達に向けた連携のために

非行少年の真の成長発達のためには

　少年司法における諸機関連携は、日本国憲法などの上位規範から導き出される目的のためのものであることは、ここまでで再三確認されてきました。しかし、それぞれの担い手が、連携の目的の一つである、非行少年の成長発達に向けて活動しているつもりでも、具体的に少年にどのように関わるべきなのかが見えてこないということも少なくないのではないかと危惧されます。本書における連携の実践例からも明らかなように、連携においては、それぞれの担い手の役割分担も重要となります。そこで、以下では、非行少年の成長発達に向けて、それぞれの担い手が適切な役割を分担するために必要となる、具体的な少年への関わり方の方向性を考えてみたいと思います。

　非行少年の成長発達に向けた関わり方という場合、かねてから、少年司法の実務では、非行少年の中にある非行の原因を探し出して、それを矯正するという方向性が示されがちでした。しかし、非行少年が非行に至った原因は簡単に特定できるものではありませんし、矯正という方法には、非行少年を無理やり変えるというニュアンスがどうしてもつきまとい、日本国憲法や子どもの権利条約に照らして妥当とは言いがたいものが含まれざるをえません。

　ところで、そうした従来型の非行少年への関わり方が、本当に少年が非行をやめることに効果を持っているのかという観点から、犯罪や非行を繰り返していたのに、それを止めた者にどのような特徴があるのかを分析した、犯罪者や非行少年の犯罪・非行からの離脱に関する研究に、最近では注目が集まるようになりました。

　そこで、ここでは、具体的な非行少年への関わり方の方向性を検討するために、そうした離脱研究の成果に学んでみたいと思います。

離脱研究の成果

　日本で紹介されており、その信頼性が高く評価されている離脱研究に、イギリスのシャッド・マルナさんによるものがあります。それによると、犯罪のキャリアから離脱した者には、社会において自らの存在意義、あるいはその能力ないしスキルなどが周囲の者から認められる経験があり、それによって、自らに力があることを認識している語りが生じているという特徴があることが確認されています[4]。

　また、日本で近時公表された、非行から立ち直った者へのインタビュー調査を実施した研究においても、非行から立ち直ったと言える者には、生まれてきてよかったと思えるような、他者から認められる実感、社会との適切なつながりの構築、自分の失敗や弱さを認めながら諦めずにチャレンジしていく姿勢、そして、支えてくれたりする人の存在があったことなどが指摘されています[5]。

　そうすると、犯罪者や非行少年が犯罪や非行のキャリアから離脱していくには、他者から少年自身の力を認められる体験をすることが必要であると言えそうです。逆に、犯罪者や非行少年を非難するであるとか、考え方などを改めるために強く指導するといったことと、犯罪者や非行少年が犯罪や非行のキャリアから離脱することとの関連性は、これらの研究によって示されていないことも注目されるべきです。

監視・非難ではなく信頼・評価

　ところで、野口さんのインタビューを通して、ガソリンスタンドで雇用された元非行少年たちに野口さんがどのように接してこられたかを振り返ってみましょう。野口さんの接し方の根幹は、働きたいと言う元非行少年たちを裏切らずに雇用し、職場に出て来られないときには支援し、励まし、少年が職場に出て来られたら褒め、少年たちをとことん信頼するというところにあると言えます。こうした接し方は、まさに、上で紹介した離脱研究が、犯罪者や非行少年が犯罪・非行のキャリアを止めた者に共通している体験を持たせる方法と見事に一致しているように思われます。

　もちろん、このような接し方をすることで、直ちに非行少年が非行をやめるとは限りません。現に、野口さんのインタビューにも、元非行少年たちが一度の非行で立ち直るわけではなく、むしろつまずく、つまり再非行をすることは当たり前であるとの指摘が出てきます。最終的に非行を主体的に克服するにし

ても、それまでに非行を繰り返すことは少なからずあることなのです。しかし、そのような再非行のときに重要なことは、そこで少年を見捨てるのではなく、それでもなお、少年に「大丈夫だよ」と声をかけて支援し、少年がそのなかでも成長した点を認めて評価し、つまずいても立ち直れる自信を少年につけてもらうことであるように思われます。

　従って、非行少年の成長発達に向けた少年への関わり方として重要なことは、非行少年を信頼せずに監視し、再非行をしたときに、それを非難することではなく、非行少年を信頼することを基本として、たとえ再非行があったとしても、以前と比べて成長したところを見つけてきちんと評価することにあると言えるのではないでしょうか。

　こうした非行少年への関わりの方向性が、ヨコ型の連携を行う、それぞれの機関の担い手に共有されたうえで、それぞれの役割分担がなされることで、連携の目的である、非行少年の成長発達がもたらされるはずなのです。

スムーズな情報交換に向けて

課題としての情報交換

　少年司法に関わる様々な機関によるヨコ型の連携が十分に機能するためには、例えば、ケース会などにおける十分な情報交換が必要不可欠ですが、これには、ケース会などへの参加者の間にある「垣根」を取り払うだけでなく、ヨコ型連携を組む諸機関の担い手の間で信頼関係が構築されることも必要不可欠です。というのも、ケース会の参加者の間で信頼関係がなければ、率直な情報や意見の交換はありえず、必然的に情報交換が不十分なものとなるからです。そして、情報交換が不十分となれば、ヨコ型で連携する諸機関の担い手の間における役割分担も機能することはないようにも思われます。

　また、ドイツの公的機関としての少年法の家で見られたように、個人情報保護に関する法令が厳格に適用されるのであれば、それがケース会などでの情報交換を阻害する足かせになることも懸念されます。現に、小坂さんのご論考では、少年からの同意が得られない場合には、連携している諸機関の間での情報共有が進まなくなるという課題が指摘されているのです。

　この点に関連して、家庭裁判所を中心とした上からの連携というのであれば、少年法は、家庭裁判所に少年に関する様々な情報を収集するための権限を与えていますので、家庭裁判所が必要な情報を得られないという問題は、理論上は

生じるはずはありません。しかし、ヨコ型の連携の場合、その連携の核となる弁護士にはそうした権限は与えられていませんので、ヨコ型の連携における情報交換をどのようにスムーズに行えるようにするかを検討することは大きな課題の一つとなるのです。

弁護士を核とする信頼関係の構築

　まず、ヨコ型の連携において核となるべき弁護士は、こうした連携を必要なときにいつでも機能させるために、家庭裁判所、保護観察所、少年院などの少年司法に直接関わる諸機関の担い手とだけでなく、本書で取り上げたような、就労支援機関、教育機関、福祉機関、医療機関などの少年司法をまわりから支える諸機関の担い手との間で「垣根」を取り払うだけでなく、まずは日常的なやりとりができる関係、言い換えれば信頼関係を作っておく必要があります。このような日常的な交流があれば、ケース会のみならず、それ以前の段階で情報交換がスムーズに進むものと思われます。

　もちろん、一人の弁護士が全ての機関の担い手と日常的な交流を行うというのは非現実的です。そこで、例えば、各弁護士会の子ども権利委員会などが中心となって、それぞれの弁護士が持っている諸機関とのネットワークに関する情報を集約しておき、個々の弁護士が担当したケースに応じて必要とされる機関とのつながりのある弁護士から、その機関で信頼できる担い手を紹介してもらえるようにすることが、現実的な対応策としては考えられます。もちろん、こうした機関は、あくまで非行少年の成長発達、少年の手続参加、障がいのある少年への合理的配慮の提供に役立つものでなければなりません。従って、例えば、パターナリズムに染まっている福祉機関の担い手が紹介されるようなことは避けられねばならないのです。あるいは、子どもの権利委員会などが主体となって、少年司法に関わる様々な機関の担い手が集うケース研究会などを立ち上げて、この研究会の参加者間での日常的な交流が構築されるような場を作っておくことが考えられます。古田さんのご論考で紹介されている、熊本での子どもの司法と精神保健・福祉を考える会は、まさに参加者間での日常的な交流を作るきっかけの場としても機能しているのです。また、こうした研究会での関わりを出発点として、福祉機関の連携についての編者の論考において触れたように、例えば、パターナリズムに染まった福祉機関を、真の意味での少年の権利保障の担い手へと成長させていく取り組みを弁護士が行うきっかけを作ることも可能となるように思われます。

もっとも、公的機関の担い手との間では、どうしても異動によって信頼関係が切れてしまうという、別の課題が生じます。そこで、ある程度の時期が来たら、同一の機関の別の担い手の方に、研究会などに来ていただいたり、後任の方を紹介してもらったりすることを通して、少なくとも家庭裁判所、少年院、保護観察所などに属する担い手との信頼関係が途切れることがないようにする工夫を弁護士の側が凝らす必要もあります。もちろん、家庭裁判所、保護観察所、少年院の側にも、積極的に連携の担い手の後継者を育成することや、急な転勤の場合には、前任者と後継者との間で適切な引き継ぎがなされるように努めることが求められます。

スムーズな情報交換に向けた取組み

　次に、個人情報保護法あるいは個々の担い手に課せられている場合のある守秘義務が、情報交換の足かせとなることへの取り組みを考えてみたいと思います。

　しかし、それ以前に、個々の担い手が少年やその保護者との間で信頼関係を築いた上で入手した少年に関する個人情報を、少年本人が知らないところで勝手にやりとりすることは、個人情報保護法や各種守秘義務の根拠となる法律との関係だけでなく、少年が裏切られたと感じることを通して、その成長発達に悪影響を与えかねないという点でも問題を引き起こすことが認識されるべきです。従って、そうした問題を避けるために、まずケース会の場などで、少年の個人情報を交換する前に、その情報を少年から得たそれぞれの担い手が、少年の個人情報を連携する相手方となる担い手に伝えることがその少年の成長発達のために必要不可欠であることを丁寧に少年に説明し、同意を得ておくことが必要です。このような同意が得られれば、少年や保護者との信頼関係が傷つく可能性も小さくなりますし、上で挙げたような、個人情報保護の理念に悖ることもなく、少年が守ってほしい秘密が漏らされる危険性も小さくなるものと思われます。

　もっとも、少年の同意を事前に取る時間的な余裕がない場合や少年や保護者が十分に情報提供の可否を考えることができない場合も考えられます。そのような場合には、例えば、小坂さんがご紹介されているような児童福祉に携わる機関との間での連携が重要であれば、要保護児童対策協議会の場を活用することで、とりあえずの法的問題を小さくすることは可能のように思われます。しかし、その他の様々な機関との連携の場合には妥当しないという限界がありま

す。そこで、まずは事後的であっても、少年の了解を得ることが、少なくとも少年の成長発達への悪影響を避けるためには必要不可欠でしょう。

　また、それとは別に、事前に少年から同意を得ることができないために、情報交換が形式的には個人情報保護法や守秘義務に反するように見える場合であっても、それが犯罪として処罰されることがないように、この情報交換には、非行少年の成長発達などの、形式的な法違反に優越する利益があることを理論的に明らかにしていくことにも今後は取り組まれるべきように思われます。このような取組みは、これまで必ずしもなされているわけではありません。しかし、こうした理論的な取組みも、ヨコ型の諸機関連携においては、情報交換をスムーズに行うためには必要不可欠でしょう。

連携の改善に向けた検証

連携の改善の必要性

　本書で紹介されているように、現実には、既に少年司法における諸機関連携の取組みが各地で始められています。しかし、それぞれの連携場面では、例えば、就労支援の担い手などの質や量を増強するといった課題があります。つまり、少年司法における諸機関連携はこれからも改善されていかねばならないわけです。そこで、最後に、これまでになされた連携の発展に向け、その改善にどのように取り組むべきかを考えてみたいと思います。

　もっとも、連携の改善という場合、その中身が重要になります。この点について言えば、最初に検討したことから明らかなように、少年司法における諸機関は、あくまで非行少年の成長発達、少年の手続参加、障がいのある少年への合理的配慮の提供のためになされねばなりません。従って、ここでの改善というのは、これらの目的がより良く達成されるようになったという結果でなければならないのです。

連携の改善に向けた検証を

　こうした改善が確実になされていくには、これまでに実現してきた少年司法における諸機関連携についてまず検証を加えていく必要があると考えられます。

　しかし、少年司法に限らず、日本の司法制度が、例えば日本国憲法の理念や原則に基づいて適正に運用されてきたのかなどの検証が行われてきたとは言い

難い実情があります[6]。つまり、個々の非行少年に言い渡された保護処分が、真に、その成長発達をもたらしたのかについての検証も十分になされてきたとは言えないのです。これでは、改善がなされるかどうかは偶然によるところが大きくならざるをえません。だからこそ、これまでに積み重ねられてきた少年司法における諸機関連携について検証がなされることに大きな意義があるのです。

　この検証の方法としては、個別の連携事例について、それに関わった担い手だけでなく、第三者の目も入れて、検討を加えることが考えられます。そして、この検討は、もちろん、個別具体的な担い手間の連携が、例えば非行少年の成長発達をもたらしたのかという、少年司法における諸機関連携の目的に照らしてなされる必要があります。なお、検討の場としては、様々なものがありえると思われますが、ヨコ型連携の核としての役割が期待されている弁護士付添人が所属している弁護士会の子ども権利委員会などが、そうした場を作ることは、それに参加する弁護士のレベルアップにもつながる点で大きな意義を持つと思われます。こうした個別の連携事例に関する検討を積み重ねた上で、それを定期的にまとめることがデータの積み重ねとなり、それが結果的に検証につながっていくものと期待されます。こうした検証を通して、適切な情報交換がスムーズになされなかったことが明らかとなったのであれば、その原因に向けた対策を立てることが改善への一歩となりますし、就労先で少年が不適切な扱いを受けたことが少年の成長発達を妨げたことが明らかになったのであれば、そうした不適切な扱いを避けるための取組みを始めることが、連携の改善につながるでしょう。

　このような検証によって、少年司法における連携の改善を着実に進めることが、非行少年の成長発達をもたらし、その少年が非行の被害者への真の謝罪とその損害回復に努められるようになれば、非行の被害者も含めた、私たちの幸福につながるはずなのです。

　少年司法における連携には様々な課題がありますが、私たち一人一人がつながって、そうした課題に取り組むことを通して、その克服に努め、非行少年の成長発達などの、日本国憲法などの上位規範が示している大事な価値を実現させることが、私たちにとってより良い未来を作るのです。

1　葛野尋之『少年司法の再構成』（日本評論社、2003年）70頁以下参照。
2　葛野・前掲注1書72頁参照。

3　付添人の役割論については、武内謙治『少年法講義』（日本評論社、2015年）512頁以下参照。
4　シャッド・マルナ（津富宏＝河野荘子監訳）『犯罪からの離脱と「人生のやり直し」』（明石書店、2013年）135頁参照。
5　非行克服支援センター『何が非行に追い立て、何が立ち直る力となるか「非行」に走った少年をめぐる諸問題とそこからの立ち直りに関する調査研究』（新科学出版社、2014年）248頁以下参照。
6　例えば、ハンセン病者が被告人となった場合に、ハンセン病療養施設内の特別法廷において刑事裁判が行われたために、憲法が定める公開裁判を受ける権利が事実上奪われていたことなどの検証が長らくなされてきませんでした。この問題については、内田博文「特別法廷の違憲性とハンセン病差別・偏見」法と民主主義499号（2015年）9頁参照。

岡田行雄（おかだ・ゆきお）　熊本大学教授
野口義弘（のぐち・よしひろ）　野口石油代表取締役社長、福岡県協力雇用主会会長
知名健太郎定信（ちな・けんたろうさだのぶ）　弁護士（福岡県弁護士会）
松村尚美（まつむら・なおみ）　弁護士（熊本県弁護士会）、熊本少年友の会職親の会事務局
廣田邦義（ひろた・くによし）　臨床心理士、元家庭裁判所調査官
安西敦（あんざい・あつし）　弁護士（香川県弁護士会）
鴨志田祐美（かもしだ・ゆみ）　弁護士（鹿児島県弁護士会）
古田哲朗（ふるた・てつろう）　弁護士（熊本県弁護士会）
小坂昌司（こさか・しょうじ）　弁護士（福岡県弁護士会）
鍵本薫（かぎもと・かおる）　高松家庭裁判所丸亀支部主任家庭裁判所調査官

非行少年のためにつながろう！
少年事件における連携を考える

2017年2月22日　第1版第1刷　発行
2019年1月15日　第1版第2刷　発行

編著者　岡田行雄
発行人　成澤壽信
編集人　北井大輔
発行所　株式会社 現代人文社
　　　　〒160-0004
　　　　東京都新宿区四谷2-10　八ッ橋ビル7階
　　　　電話 03-5379-0307　ファクス 03-5379-5388
　　　　メール henshu@genjin.jp（編集）/hanbai@genjin.jp（販売）
　　　　ウェブサイト www.genjin.jp

発売所　株式会社 大学図書
印刷所　株式会社平河工業社
装　丁　Malpu Design（宮崎萌美）
装　画　コバヤシヨシノリ

検印省略　Printed in Japan　ISBN978-4-87798-667-4　C3032
©2017　Okada Yukio

◎本書の一部あるいは全部を無断で複写・転載・転訳載などをすることは、または磁気媒体等に入力することは、法律で認められた場合を除き、著作者および出版者の権利の侵害となりますので、これらの行為をする場合には、あらかじめ小社または著者に承諾を求めてください。

既刊のごあんない

再非行少年を見捨てるな
―――試験観察からの再生を目指して

再非行少年の更生のために、試験観察制度を用いてできることはたくさんある。制度活用を試みてきた調査官によるケース紹介と、弁護士、研究者による論考。

岡田行雄　廣田邦義　安西敦（編著）
定価2200円＋税　Ａ５版・136頁・並製
現代人文社　2011年3月31日　発行
ISBN978-4-87798-469-4 C3032